LA AMANITA MUSCARIA Y LOS SECRETOS DEL SANTO GRIAL

POR

COLIN RIVAS

COLIN RIVAS 4

COLIN RIVAS

©COLIN RIVAS, SEPTIEMBRE 2018
©HOLLYWOOD ENGLISH SL, SEPTIEMBRE 2018
TERCERA EDICIÓN JUNIO 2019
RESERVADOS TODOS LOS DERECHOS. NO ESTÁ PERMITIDA LA REIMPRESIÓN PARA VENDER O COMERCIAR
This work is licensed under a Creative Commons Attribution-Non Commercial 4.0 International License.
Estos archivos no tienen DRM y se publican bajo la licencia Creative Commons Attribution-NonCommercial-NoDerivatives. Esto significa que usted es libre de descargarlos, compartirlos, enviarlos por correo electrónico, copiarlos, imprimirlos, sembrarlos, ponerlos en torrente y, en general, enviarlos a su gusto, siempre que el manuscrito permanezca ininterrumpido, que la atribución siempre se conceda, y que todo uso sigue siendo no comercial. Muchas de las historias se publican bajo la licencia Attribution-NonCommercial-ShareAlike, que también permite la adaptación no comercial del trabajo a otros medios.
EDITORIAL HOLLYWOOD ENGLISH PEDIDOS: WWW.COLINRIVAS.COM COLINRIVAS@GMAIL.COM
PORTADA: COLIN RIVAS
DISEÑO E REIMPRESIÓN: COLIN RIVAS
IMPRIME: LULU Y AMAZON
DEPÓSITO LEGAL : HECHO E IMPRESO EN ESPAÑA Y EEUU- MADE & PRINTED IN SPAIN, POLLANO AND THE USA
ISBN 9780359667307

AMANITA MUSCARIA 6

«NO VINE A TRAER LA PAZ, SINO LA ESPADA...»
-JESUCRISTO (EVANGELIO DE MATEO 10:34)

JOHN M. ALLEGRO
El controvertido autor británico fue parte del selecto grupo de estudiosos de los manuscritos del Mar Muerto.

« ESTE LIBRO ESTÁ DEDICADO A LA MEMORIA DE UNO DE LOS MEJORES LINGUISTAS DE TODOS LOS TIEMPOS, EL DOCTOR Y CATEDRÁTICO JOHN ALLEGRO (1923-1988) »

AMANITA MUSCARIA 8

PREFACIO

Durante miles (quizás millones) de años en nuestro planeta, la humanidad ha estado involucrada en una relación simbiótica con las plantas. Las plantas no solo han provisto a la humanidad de una fuente inagotable de alimento, el alimento necesario para nuestros cuerpos y la vida misma, sino que también nos han servido de otra manera: una extremadamente importante e intrincada, pero a menudo olvidada. Me refiero a aquellas plantas que, tradicionalmente, se sabe que expanden farmacológicamente la conciencia humana en estados místicos-espirituales. Cada cultura indígena usaba estas plantas y cada cultura tenía una persona o un grupo de personas que buscaban para el liderazgo espiritual y eran los conocedores de plantas (entre la miríada de nombres que puede atribuirles). El estudio contemporáneo de estas plantas se llama "enteobotánica." Un subcampo (de este estudio), conocido como "etnomicología" está específicamente dedicado a los hongos que tienen cualidades de expansión de la conciencia y, por lo tanto, raíces profundas arraigadas a las tradiciones religiosas, escrituras y conocimiento indígena de la humanidad. El término "etnomicología" fue acuñado por su padre, el fallecido Gordon Wasson.

Esta línea de estudio se expande constantemente a medida que salen a la luz más y más correlaciones con respecto al uso de hongos en una cultura o religión en particular. Este es un gran descubrimiento. Por tanto, hemos descubierto el vínculo natural entre el hombre, la conciencia y Dios. Este descubrimiento puede parecer al principio abstracto, ilusorio o incluso imposible; sin embargo, a medida que se desarrolla la evidencia presentada en este libro, es posible que su comprensión no requiera un mayor grado de fe. Lo que se presenta aquí es un descubrimiento significativo en el campo del conocimiento religioso, ¡y estás invitado a formar parte de él! Deberíamos estar saltando de alegría y gritando desde la cumbre de la montaña al mundo entero que dejen de lado sus diferencias religiosas, y unirnos en la comunidad en la comprensión de que todos y cada uno de nosotros podemos experimentar ahora lo que ha sido, hasta este momento, oculto a simple vista, en los recovecos de nuestra historia espiritual. Y por fin ya estamos listos para marcar el comienzo de la edad de oro de la comprensión, a medida que amanece la Era de Acuario. Siéntate, relájate y disfruta al entrar en el increíble mundo de etnomicología.

AMANITA MUSCARIA 10

00 INTRO DE JOHN ALLEGRO

21-30

El notorio filólogo británico que participó en el equipo encargado de estudiar, editar y traducir los Manuscritos del Mar Muerto, nos introduce al mundo del Jesús antiguo y quien, de verdad, fue, donde vivió, quienes eran sus acompañantes y si estuvo casado o no.

0.1 BIBLIOGRAFÍA-AUTORES

325-330

Desde Terence Mc Kenna, Joseph Strugnell de la universidad de Harvard, John Marco Allegro catedrático de la universidad de Manchester y Londres, Paul Stamets de la Universidad de Berkely, R.G Wasson de Columbia en New York y hasta el gran arqueólogo Stephan F. de Borhegyi, Harvard, Princeton y Smithsonian Institute, todos autores reconocidos dan su opinión informada de quienes eran estos dioses de nuestros ancestros en la edad de piedra psicodélica...

AMANITA MUSCARIA 12

1 EL MANÁ DEL CIELO

La amanita muscaria siempre ha sido una seta mágica de los mitos y la leyendas. Ya que nuestros no poseían la tecnología moderna, y en algún aspecto, gracias a dios que no, porque de ahí surgieron bellas películas, bailes, historias, relatos, cuentos, vestidos, gorros, medicinas, tradicionales, diseños y hasta religiones...

31-68

2 CRISTO Y LA SETA SAGRADA

El origen básico de la amanita muscaria y los hongos mágicos en las religiones ancestrales, cómo se difundía, ritos y reglas sagradas del culto a estas plantas, y ubicaciones del culto más antiguo del mundo....

69-92

3 ABRACADABRA : EL LENGUAJE

Descifrando el código bíblico. Cada imagen representaba una idea, y tal "escritura" primitiva puede ofrecer una mejor comprensión del pensamiento detrás de la palabra que métodos posteriores, más estilizados, de expresión de letras y sílabas. Los idiomas de la Biblia, hebreo, arameo y griego, todos derivan en última instancia de este antiguo sumerio...

93-108

4 LAS BRUJAS FLIPADAS

Una leyenda mucho más pavorosa es la de los corros de brujas –los fairy rings anglosajones, anillos de setas y que señalaban el lugar donde las brujas habían celebrado un aquelarre nocturno. La adoración de los hongos a través de orgías en el bosque convirtió a estas mujeres en lo que llamamos hoy en día brujas. Poseían el conocimiento medicinal de la plantas que era competencia del Vaticano...

109-132

5 LA CUNA DEL MAL : CIVILIZACIÓN

Teólogos, de mesías, de autoridad, de jueces, de santos. Aunque habría que reconocer que también tienen su mérito, porque mantener alienada y embrutecida a tanta gente y durante tanto tiempo para aprovecharse de ello, no ha sido tarea fácil. Desde que comenzó la "historia", la tinta, la mentira y la escritura han corrido parejas con la sangre. La mejor manera de imponer lo absurdo es mediante la seducción y la crueldad extrema.

133-146

6 EL MANÁ BÍBLICO : CITAS-FOTOS

La Biblia habla del sagrado "Maná" que los israelitas comieron en el desierto. Se dan muchas pistas sobre lo que es Maná. La Biblia dice que Maná era un pequeño objeto comestible redondo que apareció en el suelo después de que cayó el rocío.

147-158

7 LSD-DMT EN LA ANTIGÜEDAD

La temeridad de los investigadores al proponer, debido a la abrumadora evidencia en los Manuscritos del Mar Muerto, en pinturas y arte de iglesias y mezquitas dispersas por Europa, que oculta el uso sacramental del hongo Amanita Muscaria en los rituales del cristianismo y otras religiones primitivas viene explicada con el uso del LSD, psilocibina en la Antigüedad y en los recientes avances científicos sobre el DMT y otras sustancias de estas plantas para uso curativo y anticancerígeno.

159-170

8 UN JUDÍO ANTISEMITA

A todo cristiano que debate, siempre que se le pregunta por evidencias no seculares, este tiende a mencionar como aportación extrabíblica a una serie de textos de historiadores del siglo I que supuestamente mencionan a dicho personaje clave en su religión. El problema viene cuando una, el texto josefiano de un historiador judío se hace antisemita- raro ¿no?- y dos, párrafos del texto que mencionan a Jesús no coinciden con la escritura de Josefo- raro dos veces ¿no?.

171-194

9 AJENATÓN: EL FARAÓN HEREJE

¿Existe un código secreto en el manuscritos de Cobre? Entre el texto hebreo del manuscrito de Cobre, que describe la localización de diversos tesoros, el ingeniero Robert Feather, autor de The Secret Initiation of Jesús at Qumrari, observó con sorpresa que se había formado la palabra Akenatón, el nombre del "faraón hereje" de Egipto, antecesor y padre de Tutan-kamón, y precursor de las religiones monoteístas judaísmo, cristianismo e islam...

195-220

10 PAPÁ NOEL PSICODÉLICO

A pesar de la creencia popular de que la Coca-Cola popularizó el mito de Santa Claus, no hay nada más lejos de la realidad. La historia de Papá Noel no comenzó con San Nicolás, tampoco, sino que se remonta a miles de años antes de lo que ahora se conoce como el norte de Siberia y procede de las tradiciones chamánicas de las tribus indígenas...

221-238

11 DESCIFRANDO EL CÓDIGO

...Parte de la investigación que presenta la evidencia visual de que tanto el hongo alucinógeno Amanita muscaria como el hongo psilocibina fueron venerados como si fueran dioses en el mundo antiguo en todo el globo. Estos hongos sagrados fueron tan hábilmente codificados en el arte religioso del Viejo y el Nuevo Mundo, "Ocultos a plena vista", que antes de este estudio virtualmente escapaban a la detección.

239-292

12 AMANITA EN EL ARTE POP

¿Son los pitufos comunistas? ¿Es Gargamel el capitalismo malvado y descontrolado? ¿Fumaba opio Lewis Carrol, el creador de Alicia? ¿Porqué Alicia crece y mengua a medida que toma trozos de seta en el país de las maravillas? ¿Porqué los cardinales visten como setas? ¿Qué significan los dibujos psicodélicos de las mezquitas? ¿Porqué llevaban un gorro extraño los sultanes?

293-323

INTRO

John Marco Allegro (17 de febrero de 1923, Londres – 17 de febrero de 1988) fue un filólogo inglés que saltó a la fama por su participación en el equipo encargado de estudiar, editar y traducir los Manuscritos del Mar Muerto. Allegro, la única persona no creyente de este equipo, entró pronto en conflicto con sus colegas, pues a diferencia de éstos era partidario de publicar lo antes posible los resultados de la investigación y dar acceso a otros investigadores independientes. La polémica se volvió amarga tras la publicación en 1970 de El hongo sagrado y la cruz, un libro cuya tesis principal sorprendió a todos e indignó a muchos: según Allegro, el personaje que los Evangelios llama Jesús nunca existió históricamente, y es en realidad una forma de referirse en clave a la Amanita Muscaria, enteógeno que los esenios y otros grupos religiosos judíos utilizaban para entrar en comunión con la divinidad. Convencido de que la religión de los esenios era la matriz del cristianismo, Allegro señaló múltiples correspondencias, textuales e ideológicas, entre estos Manuscritos y el Nuevo Testamento. Tanto el Maestro de Justicia como Cristo eran líderes mesiánicos que sufrían persecución y muerte. Apoyándose en algunos indicios de los manuscritos, Allegro interpretaba que el Maestro de Justicia también había sido crucificado.

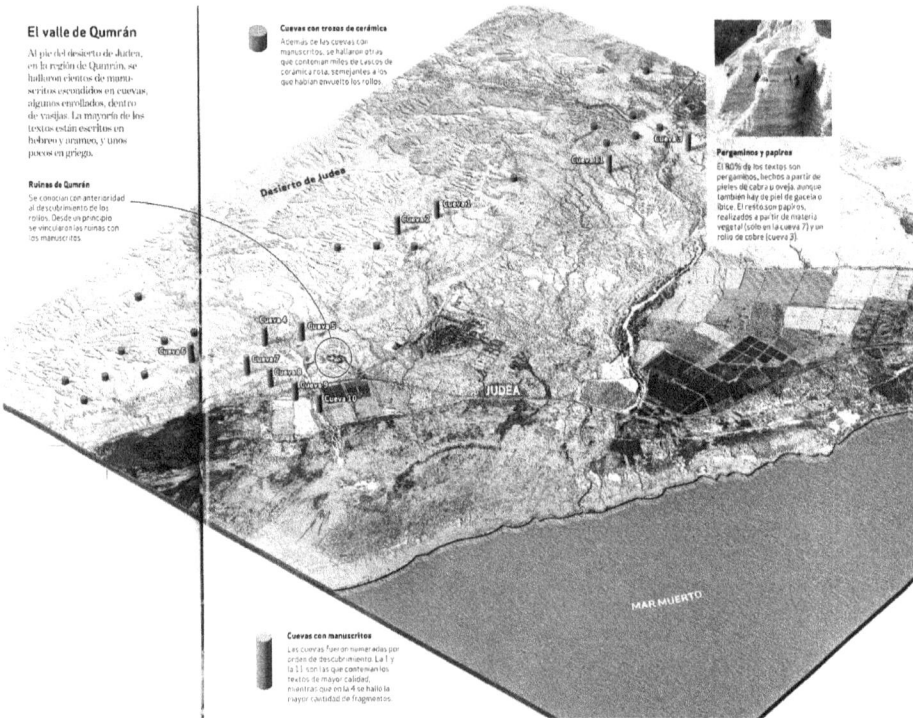

Esta vía de investigación disgustaba a los sacerdotes católicos del equipo y a la mayor parte de los portavoces de la Iglesia, que mantenían la visión ortodoxa de la misión de Cristo como un hecho único e histórico, descrito fielmente en los Evangelios. Allegro, en cambio, consideraba el Nuevo Testamento como una hábil fusión de materiales folclóricos, míticos, mágicos e históricos. Utilizando su habilidad como filólogo comparatista, buscó los orígenes de la terminología bíblica en la lengua sumeria, lo que le llevó a una reintepretación novedosa de muchos pasajes bíblicos.

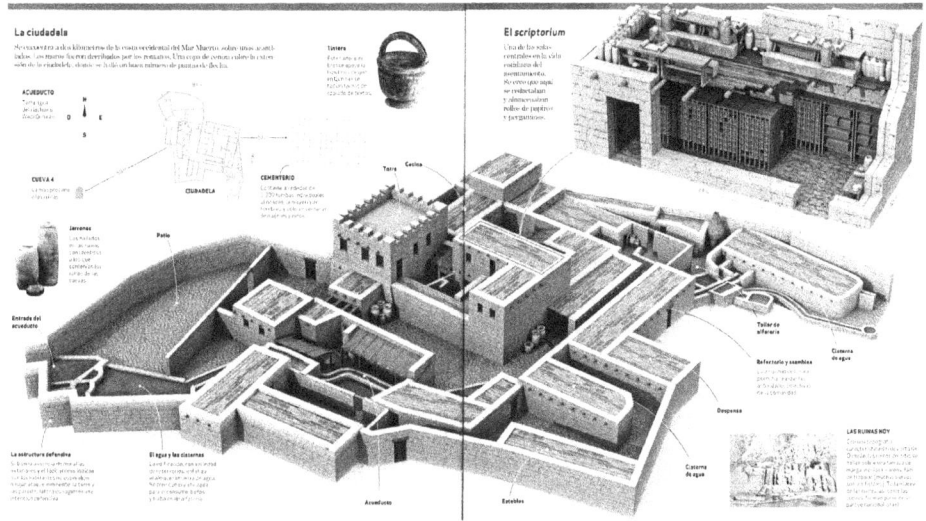

En su libro, El Hongo Sagrado y la Cruz, intenta demostrar que el cristianismo es en origen una religión basada en el culto de la fertilidad, cuyo rito más importante es la ingestión de un enteógeno (la amanita muscaria) para entrar en comunión con Dios. Previendo el carácter polémico del libro, Allegro acudió para publicarlo a la isla de Man, cuyo sistema legal, a diferencia del británico, no consideraba delito la blasfemia. El libro supuso su tumba como investigador: sus detractores atacaron con virulencia no sólo sus argumentos, sino su propia honestidad como investigador.

AMANITA MUSCARIA 22

SALA COMUNITARIA
Restos de lo que Roland
de Vaux identificó como el
refectorio de Qumrán.

SAQUEO DEL TEMPLO
El Arco de Tito, en Roma, recuerda la victoria sobre los judíos y el saqueo de los tesoros del Segundo Templo en Jerusalén.

¿CENTRO DE COPIADO?
La evidencia parece indicar que al menos algunos manuscritos se copiaron (o compusieron) en las ruinas de Qumrán.

La relación que Allegro proponía entre términos sumerios y hebreos entraba en conflicto con la evidencia de que se trataba de idiomas pertenecientes a familias lingüísticas distintas, y en algunos casos entrañaba la reconstrucción de palabras sumerias hipotéticas, no atestiguadas como tales, aunque sí conste evidencia de los elementos que las forman. Los ataques llegaron desde muchos frentes. Allegro encontró un enemigo inesperado en R. Gordon Wasson, especialista en hongos enteógenos, que había defendido anteriormente la identificación del Soma hindú con la amanita.

AMANITA MUSCARIA 24

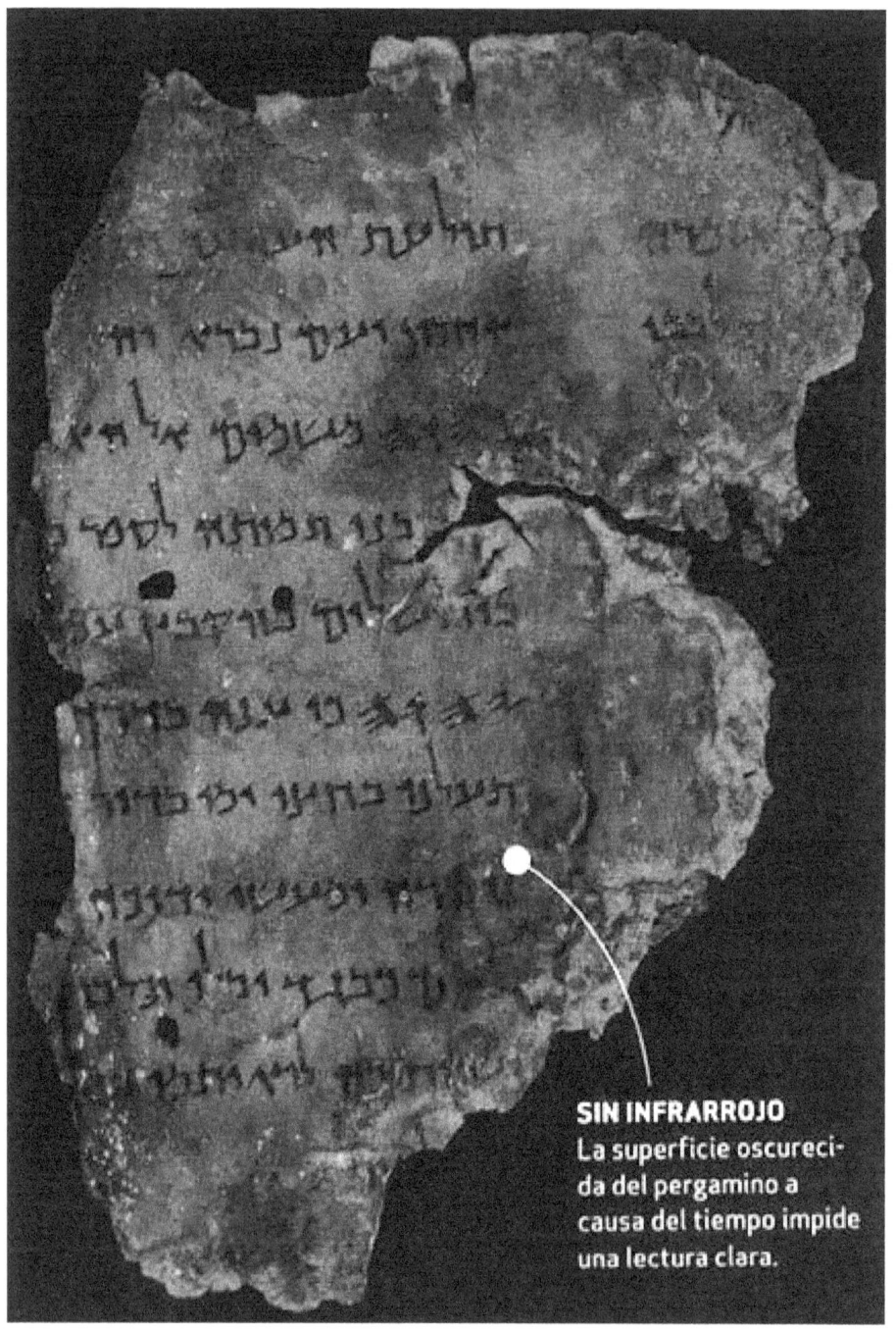

SIN INFRARROJO
La superficie oscurecida del pergamino a causa del tiempo impide una lectura clara.

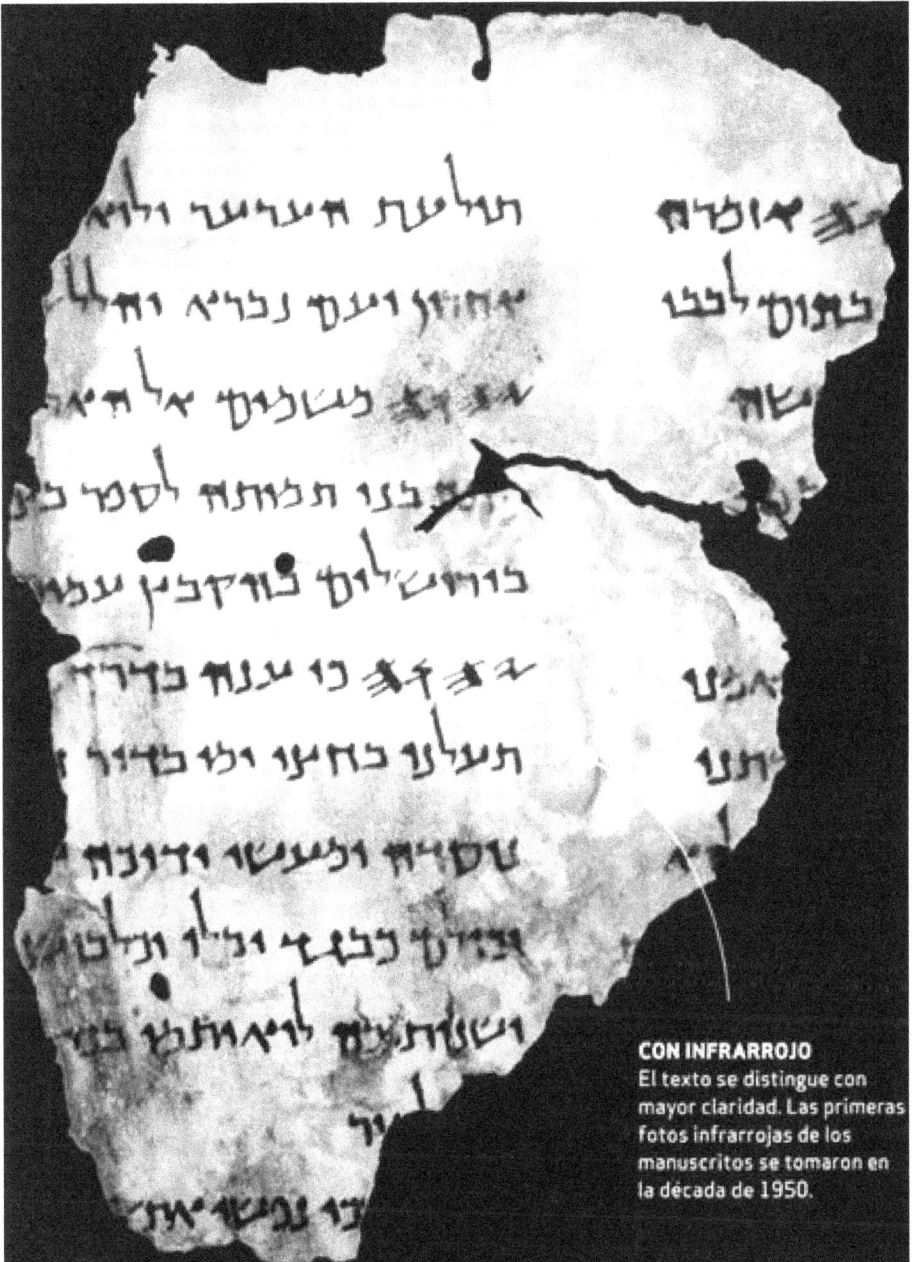

CON INFRARROJO
El texto se distingue con mayor claridad. Las primeras fotos infrarrojas de los manuscritos se tomaron en la década de 1950.

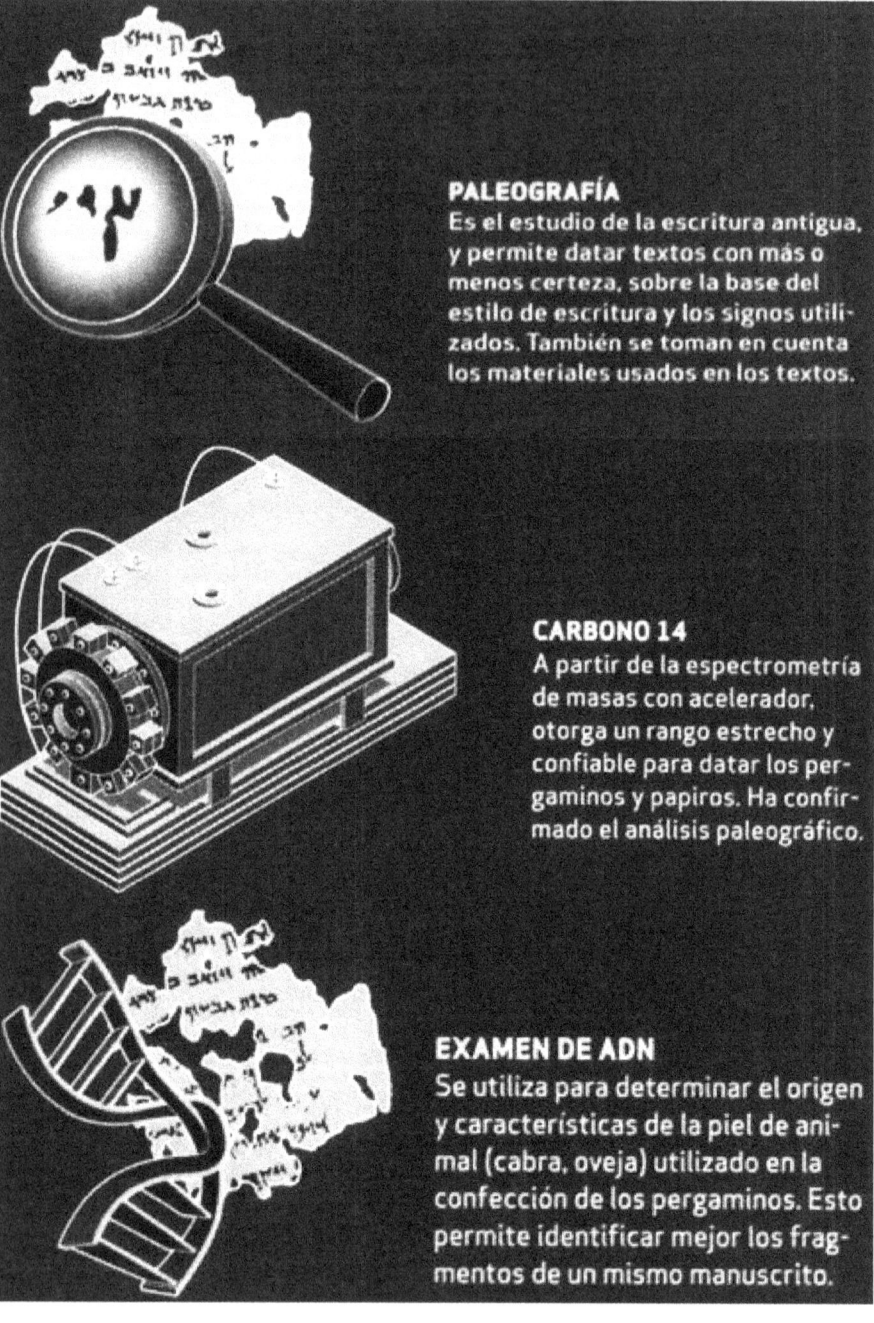

PALEOGRAFÍA
Es el estudio de la escritura antigua, y permite datar textos con más o menos certeza, sobre la base del estilo de escritura y los signos utilizados. También se toman en cuenta los materiales usados en los textos.

CARBONO 14
A partir de la espectrometría de masas con acelerador, otorga un rango estrecho y confiable para datar los pergaminos y papiros. Ha confirmado el análisis paleográfico.

EXAMEN DE ADN
Se utiliza para determinar el origen y características de la piel de animal (cabra, oveja) utilizado en la confección de los pergaminos. Esto permite identificar mejor los fragmentos de un mismo manuscrito.

AL DICTADO
Un miembro de la comunidad dicta un texto sagrado a un copista. Era necesario encontrarse en estado ritual de pureza para realizar el trabajo. Incluso los pergaminos debían provenir de animales "puros" y su preparación se realizaba de acuerdo con normas de [...]

La polémica hizo que aportaciones posteriores de Allegro, como su libro de 1979 Los Manuscritos del Mar Muerto y El Mito Cristiano (1979) fueran recibidas con escepticismo y hostilidad. En este libro posterior, Allegro examina el tema de la luz divina y su continuidad desde la religión solar egipcia hasta los gnósticos, pasando por el Nuevo Testamento. Vuelve a defender que Jesucristo es un personaje de ficción, construido a partir del Maestro de Justicia de los esenios y otros mitos paganos ancestrales.

AMANITA MUSCARIA 28

ORIGEN DE LAS RELIGIONES

«Y el maná cesó el día después que habían comido del producto de la tierra, y los hijos de Israel no tuvieron más maná, sino que comieron del producto de la tierra de Canaán durante aquel año.»
- Josué 5:12

«Y la casa de Israel le puso el nombre de maná, y era como la semilla del cilantro, blanco, y su sabor era como de hojuelas con miel.»
- Éxodo 16:31

«Jesús les dijo: Este es el pan que desciende del cielo, para que el que coma de él, no muera.»
- Juan 6:50-51

SANTA AMANITA SANTO GRIAL 30

CAPÍTULO 1
EL MANÁ DEL CIELO

«EL MANÁ ERA PARECIDO A LA SEMILLA DEL CILANTRO; TENÍA UN COLOR AMARILLENTO, COMO EL DE LA RESINA, Y SABÍA A TORTAS DE HARINA CON ACEITE. LA GENTE SALÍA A RECOGERLO, Y LUEGO LO MOLÍAN O MACHACABAN, Y LO COCINABAN O LO PREPARABAN EN FORMA DE PANES. POR LA NOCHE, CUANDO CAÍA EL ROCÍO SOBRE EL CAMPAMENTO, CAÍA TAMBIÉN EL MANÁ...»

—NÚMEROS 11:7

SANTA AMANITA SANTO GRIAL

La amanita muscaria siempre ha sido una seta mágica de los mitos y leyendas. Ya que nuestros ancestros no poseían la tecnología moderna, y en algún aspecto, gracias a dios que no, porque de ahí surgieron bellas películas, bailes, historias, cuentos, vestidos, gorros, medicinas, diseños y hasta las religiones y sectas tóxicas. El cuerpo principal de un hongo está constituido por una red de fibrillas de aspecto similar a las raíces miniaturizadas de un árbol.

Técnicamente, la red recibe el nombre de micelio, y cada una de las fibrillas, el de hifa. El hongo suele pasar inadvertido, por ser insignificante y crecer a través del sustrato (que suele ser la capa superficial de suelo del bosque, o los troncos de los árboles muertos); hasta que llega el momento de reproducirse.

Para ello, forma un *"huevo"*, o aglomerado de hifas, que, bajo el estímulo adecuado, experimentará una brutal y vertiginosa erección para dar lugar a una seta. Brutal, porque las proporciones del miembro son cientos de veces mayores que las del huevo, y vertiginosa, porque de la noche al día el fruto brota de la *"nada"*. De ahí la expresión *"proliferan como setas"*, y de ahí también el mito de que las setas son el resultado de la caída de un rayo durante una tormenta. Pero no tiene nada que ver con rayos –con las tormentas, ya es otro cantar–. La explicación es que la seta ya está totalmente formada en el interior del huevo, y lo único que hace es hinchar sus células de agua. Algo paralelo a cuando la sangre inunda los cuerpos cavernosos del pene. Una erección en toda regla.

ORIGEN DE LAS RELIGIONES

El "*adecuado estímulo*" es un abundante suministro de agua. Por eso aparecen después de llover. Las fuentes más antiguas afirman que en Egipto se consideraban '*alimento de los dioses*' y se creía que aportaban la inmortalidad a quienes las consumían. No es extraño que los faraones prohibiesen a sus súbditos comerlas y hasta tocarlas. Romanos y griegos heredaron esta creencia y las usaron como alimento de las tropas, pues creían que les dotaban de fuerza sobrehumana.

A esta ventaja bélica terminó por añadirse un supuesto poder afrodisíaco. El propio Julio César prohibió su consumo entre las tropas para evitar escarceos indeseados. De hecho, tal fue su importancia en el Imperio romano, que llegaron a ser consideradas alimento exclusivo de las clases altas, siendo incluso regulado su comercio mediante varias leyes. Por aquel tiempo, mientras Plinio el Viejo las denominaba "*manjar de los dioses*", el filósofo estoico Séneca las tachaba de "*lujos innecesarios*" entre sus seguidores.

La palabra chamán proviene del idioma tungu de Siberia, xaman o schaman, y éste del verbo scha, "*saber*", un término que en general significa: sabio, médico, adivino, mago, mediador entre el mundo físico y el mundo espiritual, creador de éxtasis. Los chamanes, verdaderos sabios, han sido los que han velado por mantener la salud, la armonía y el equilibrio natural entre los pueblos indígenas del planeta desde la noche de los tiempos hasta hoy.

SANTA AMANITA SANTO GRIAL 34

Arriba el cura católico y compañero de John Allegro, Pere Roland de Vaux, traduciendo y comparando manuscritos. Foto exclusiva cedida por su hija Judith Anne Brown.

Paradójicamente, desde su aparición al mismo tiempo que las religiones, una corrupción del chamanismo, convertida en "*élites*" sacerdotales y hermandades esotéricas revestidas de solemnidad, de sacralidad y de misterio, han promovido solapadamente el delito, la degradación y la injusticia que hoy domina el mundo. Quizá, la invocación de ciertas "entidades", se haya apoderado de su voluntad. Sacer, en latín, de donde proviene la palabra sacerdote, no solo significa sagrado o bendito, también quiere decir lo contrario: **maldito**, **execrable**. La persona con el papel más importante era el chamán porque su rol incluía muchas ocupaciones modernas tales como médico, sacerdote, consejero y más. El chamán era muy espiritual y su sacramento más apreciado y, posiblemente, la herramienta más poderosa en su caja era la seta Amanita Muscaria.

ORIGEN DE LAS RELIGIONES

Se sabe que los chamanes de todo el mundo incluido los esenios en el medio oriente utilizaban muchas técnicas diferentes para alterar la mente, como la privación sensorial, los tambores, las setas psicodélicas y, en la mayoría de los casos, una combinación de todas las anteriores. El chamán creía que estos estados de conciencia alterados eran una puerta de entrada al mundo espiritual en el que íbamos a viajar para pedirle a los espíritus soluciones a los problemas que enfrentaba su comunidad.

Fuentes como las representaciones artísticas y las historias transmitidas a lo largo de los años indican que una vez al año, el chamán de las tribus del mundo o por ejemplo las sectas judeo cristianas del medio oriente tenían una misión especial: recoger hongos agáricos y entregarlos a la gente de la comunidad. Era una tradición entre los chamanes de todo el mundo practicar esta buena acción una vez al año por buena voluntad y no esperaban nada a cambio.

Figuras 1-7. Amanita muscaria. 1-2: Estado silvestre, adulto y botón, respectivamente (de E. Fanti). 3: Museo Regional de Guadalajara, representación de A. muscaria con un personaje debajo (de E. Fanti). 4-5: Pieza purépecha (frente y reverso), 4 el botón (compárese con la fig. 2) y 5 una calavera representando la acción del hongo en la cabeza (4-5 de Guzmán). 6: Cultura náhualt, con A. muscaria en vez de ojos. 7: Cultura maya con A. muscaria arriba a la derecha y deformaciones en la cara (6-7 del archivo de C. de Borhegyi).

Iglesia Románica de Sant Sadurní d'Osormort en la comarca de Osona, GERONA, España-Del libro de JOHN ALLEGRO

Ninguna religión en el antiguo cercano oriente se puede estudiar aisladamente. Todo se deriva del primer cuestionamiento del hombre sobre el origen de la vida y cómo garantizar su propia supervivencia. Él siempre ha sido muy consciente de su insuficiencia. Por mucho que progresara técnicamente, haciendo ropa, abrigo, conservando alimentos y suministros de agua, y demás, las fuerzas de la naturaleza siempre eran más grandes que él. Los vientos soplarían su refugio, el sol apagaría sus cosechas, las bestias salvajes atacarían a sus animales: siempre estaba a la defensiva en una batalla perdida. Fuera de este sentido de dependencia y frustración, nació la religión.

Amanita muscaria, la llamada planta misteriosa en el **Rig Veda** conocida como **Soma Haoma**, la única planta que se sabe que fue divinizada en la historia de la cultura humana, arriba fragmento de mármol griego clásico temprano de una estela funeraria del siglo V a. C., que algunos teorizan es Perséfone y su madre Deméter sosteniendo setas, que se usarían como parte de los ritos de misterio eleusinos.

De alguna manera, el hombre tuvo que establecer comunicaciones con la fuente de la fertilidad del mundo y, a partir de entonces, mantener una relación correcta con él. Con el transcurso del tiempo, acumuló un cuerpo de conocimiento experiencial de rituales que él o sus representantes podían realizar, o palabras para recitar, que se consideraba que tenían la mayor influencia en esta deidad de la fertilidad.

Al principio fueron en gran parte imitativos. Si la lluvia en las tierras desérticas era la fuente de la vida, entonces la humedad del cielo debía ser solo un tipo más abundante de espermatozoides. Si el órgano masculino eyaculó este precioso líquido e hizo vida en la mujer, entonces, sobre los cielos, la fuente del semen de la naturaleza debe ser un pene poderoso, ya que la tierra que dio a luz a su descendencia fue el útero. Siguió entonces que para inducir al falo celestial a completar su orgasmo, el hombre debe estimularlo por medios sexuales, cantando, bailando, exhibiendo orgiásticos y, sobre todo, mediante la realización del acto copulatorio en sí.

Sin embargo, el hombre progresó en su control del mundo acerca de él, había una gran brecha entre lo que quería en un momento dado y lo que podía lograr por su cuenta. Siempre había alguna montaña indesplazable, alguna rama del conocimiento que permanecía impenetrable, alguna enfermedad sin cura conocida. Le parecía que si hubiera logrado cuidadosamente abrirse camino hacia un conocimiento y una destreza tan por encima de los animales, entonces, de alguna manera misteriosa, sus pensadores y artesanos debían haber aprovechado una fuente de sabiduría no menos real que la lluvia que fructificó. el terreno. El pene celestial, entonces, no era solo la fuente del semen vivificante, sino el origen del conocimiento. La semilla de Dios fue la Palabra de Dios.

SECRETOS DEL SANTO GRIAL

RELOJ DE SOL
Se cree que este disco de 14,5 cm de diámetro es un gnomon. También habría servido para determinar solsticios y equinoccios.

LÁMPARA DE ACEITE
Fue hallada con una moneda en su interior y una mecha de fibra de palmera todavía en el pico. La base está hecha con un torno circular, mientras que el pico se agregó después.

ROLLO BÍBLICO
El largo pergamino con el *Libro de Isaías*, en una foto de 2008. Este manuscrito fue el primero que se halló, en la cueva 1, y es el que se encuentra en mejor estado de conservación.

SUMO SACERDOTE
La época de Qumrán fue testigo de grandes enfrentamientos entre grupos judíos.

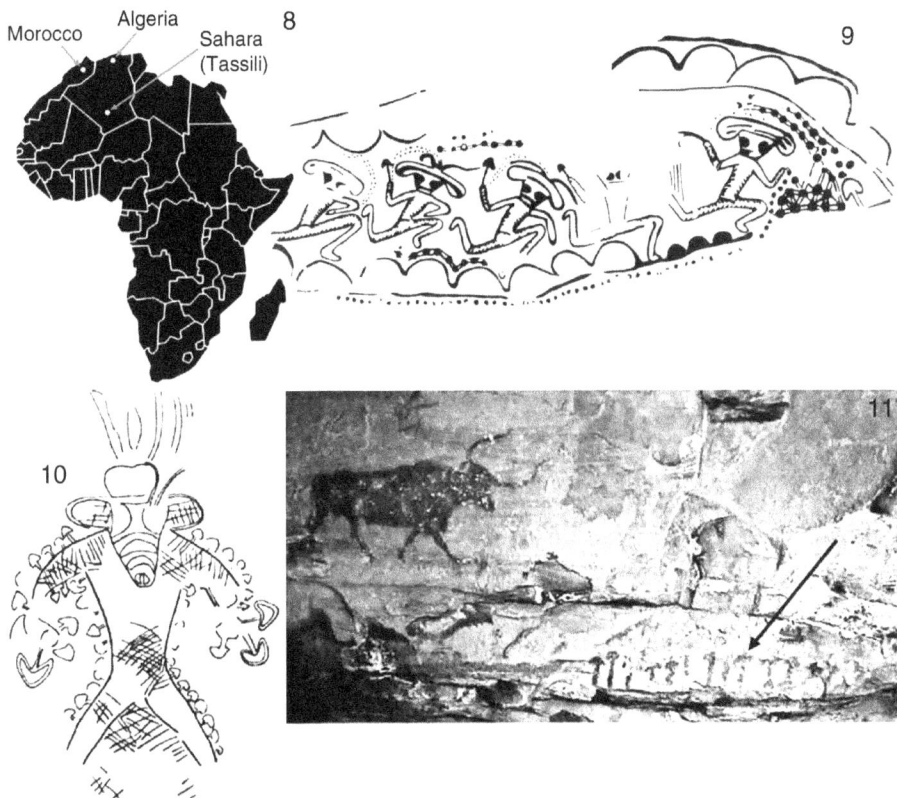

Figuras 8-11. Vestigios prehistóricos del uso de los hongos alucinógenos. 9-11: Cueva de Tassili en África (9-11 de Samorini, 2001). 11: Cueva del NE de España (la flecha señala los hongos) (de Akers et al., 2011). El sueño del hombre es convertirse en Dios. Entonces él sería omnipotente; ya no le temen a las nieves en invierno o al sol en verano, ni a la sequía que mató a su ganado y que hizo que los estómagos de sus hijos se hincharan grotescamente.

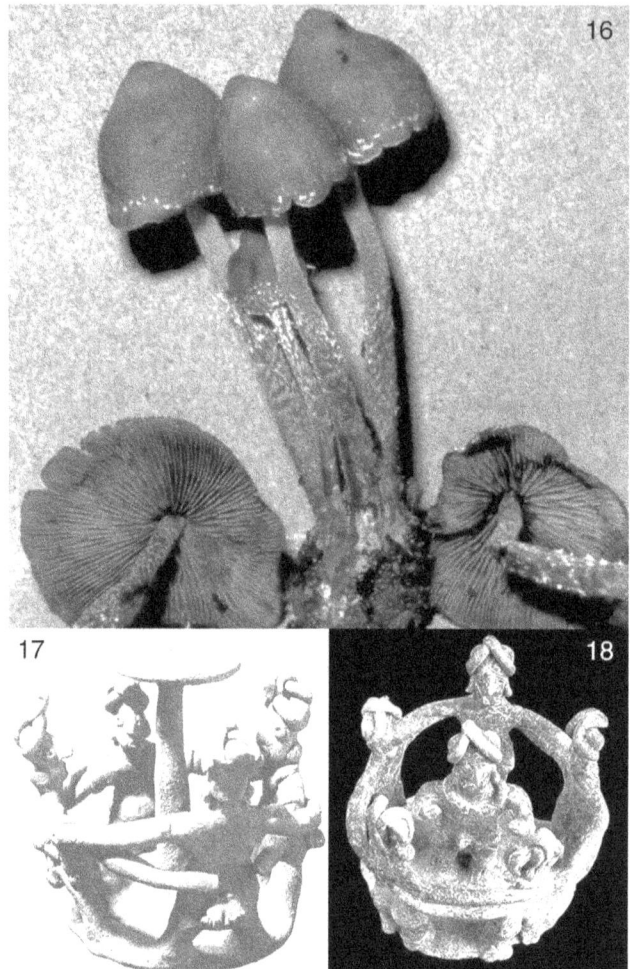

Figuras 16-18. 16: psilocibina zapotecorum (de Halling). 17: Pieza capacha con indígenas sorprendidos al ver un psilocibina gigante, obsérvense las serpientes en los sombreros. 18: Pieza capacha con una ceremonia en honor de Quetzalcóatl (de Donitz et al., 2001).

El pene en los cielos se elevaba y brotaba su jugo vital cuando el hombre lo ordenase, y la tierra de abajo abría su vulva y gestaba a sus crías como lo requería el hombre. Sobre todo, el hombre aprendería los secretos del universo no de manera fragmentaria, dolorosa por prueba y error fatal, sino por una repentina y maravillosa iluminación desde dentro. Pero el Dios de las religiones tiene celos de su poder y su conocimiento. Él no arroja rivales en lugares celestiales. Si, en su misericordia, permitirá que solo unos pocos de sus mortales elegidos compartan su divinidad, es solo por un momento fugaz. En circunstancias muy especiales, permitirá a los hombres subir al trono del cielo y vislumbrar la belleza y la gloria de la omnisciencia y la omnipotencia. Para aquellos que son tan privilegiados no parece haber una experiencia mayor o más valiosa. Los colores son más brillantes, los sonidos más penetrantes, cada sensación se magnifica, cada fuerza natural exagerada.

Para tal vislumbre del cielo, los hombres han muerto. En la búsqueda de este objetivo, las grandes religiones han nacido, han brillado como un faro para los hombres que aún luchan en su desigual batalla con la naturaleza, y también han muerto, sofocadas por sus propios intentos de perpetuar, codificar y evangelizar la visión mística. Nuestra preocupación actual es mostrar que el judaísmo y el cristianismo son expresiones tan cúlticas de esta búsqueda interminable del hombre para descubrir el poder y el conocimiento instantáneos.

El festival de Sumeria de Año Nuevo, conocido como Akitu, era la fecha más venerada en la religión de Babilonia, que duró 11 días, y Ashura-Mazda (dios sol) era adorado en gran medida durante el mismo. La religión fue fundada en algún momento del siglo XVIII a.C. y duró hasta el siglo V a. C., cuando el país de Asiria fue destruido, aunque puede haber continuado en secreto por un tiempo. Se puede ver a Dios sosteniendo un hongo y un rayo de luz.

Concedida la primera proposición de que las fuerzas vitales de la naturaleza están controladas por una inteligencia extraterrestre, estas religiones son desarrollos lógicos de los cultos de fertilidad más antiguos y puros. Con el avance de la competencia técnica, los objetivos del ritual religioso se volvieron menos influyentes en el clima y las cosechas que la sabiduría y el conocimiento del futuro.

Figuras 13-15. 13: Parte del Códice Magliabecchiano (Wasson y Wasson, 1957). 14: Glifo del Códice 27 (del Caso, 1963). 15: Glifo del Códice de Zacatepec (de Wasson, 1980). Existen al menos cuatro códices relacionados con los hongos sagrados, a saber: el Códice Magliabechiano, el Códice N.° 27, el Lienzo de Zacatepec N.° 1 y el Códice Vindobonensis. En el Códice Magliabechiano (fig. 13) se muestra la ingestión del «teonanácatl». A su vez, en dicha figura del indígena que ingiere los hongos está un terrible personaje atrás y que, probablemente, representa las visiones que experimenta al dios del hongo o al diablo. Probablemente, los españoles le indicaron a los tlacuiles que dibujaran al diablo, ya que estos hongos eran endemoniados.

Mural del siglo XIII representando a Adán y Eva junto al Árbol del Conocimiento con forma de hongo (Indre, Francia)

La Palabra que se filtró a través de los labios del vientre de la tierra se convirtió para el místico de menor importancia que el Logos, que creía que su religión le permitía aprehenderlo y entusiasmarlo con la divina omnisciencia. Pero la fuente era el mismo poder vital del universo y la práctica de culto difería poco.

Para hacer crecer los cultivos, el granjero copulaba con su esposa en el campos. Para buscar la droga que enviaría su alma volando al séptimo cielo y viceversa, los iniciados en los misterios religiosos hicieron que sus sacerdotisas sedujeran al dios y lo atrajeran como una mujer fascina el pene de su compañero a la erección.

Porque el camino a Dios y la visión fugaz del cielo era a través de plantas más abundantemente dotadas con el esperma de Dios que ninguna otra. Estas eran las drogas-hierbas, la ciencia de cuyo cultivo y uso se había acumulado durante siglos de observación y experimentos peligrosos. Aquellos que tenían esta sabiduría secreta de las plantas eran los elegidos de su dios; solo a ellos habría concedido el privilegio de acceder al trono celestial. Y si estaba celoso de su poder, no eran menos los que le servían en los misterios de culto. El suyo no era un evangelio para gritar desde los tejados: el paraíso no era para nadie sino para los pocos favorecidos.

Figuras 19-23. Hongo de piedra de la cultura maya. 19: D. Martínez de una copia japonesa del original de Zúrich (de Martínez-Carrera). 20-21: Diversas figuras (de M. Ulloa). 22-23: Individuos de cabeza, bajo la acción neurotrópica de los hongos (de Wasson, 1980).

Los encantamientos y ritos mediante los cuales conjuraban sus plantas medicinales, y los detalles de las preparaciones corporales y mentales sufridas antes de poder ingerir a su dios, eran los secretos del culto a los que nadie más que el iniciado obligado por juramentos temerosos, tenía acceso.

Figuras 24-28. 24-26: Piezas de oro de Darién (de Schultes y Bright, 1979). 27: Mujer con hongos, Colombia (de C.M. Torres). 28: Museo de Denver (las flechas señalan los hongos). Muy raramente, y luego solo para propósitos prácticos urgentes, esos secretos alguna vez se comprometieron a escribir. Normalmente se pasarían del sacerdote al iniciado de boca en boca; dependiente para su transmisión precisa en las memorias entrenadas de hombres dedicados al aprendizaje y la recitación de sus "*escrituras*".

Pero si por alguna razón drástica, como la interrupción de sus centros de culto por la guerra o la persecución, se hizo necesario escribir los preciosos nombres de las hierbas y la forma de su uso y encantamientos acompañantes, sería en alguna forma esotérica comprensible solo para aquellos dentro de sus comunidades dispersas. Tal ocasión, creemos, fue la rebelión judía de Año 66 d.C. Instigados probablemente por miembros del culto, influidos por su locura inducida por las drogas para creer que Dios los llamó a dominar el mundo en su nombre, provocaron el poderoso poder de Roma a la acción rápida y terrible. Jerusalén fue devastada, su templo destruido.

El judaísmo fue interrumpido, y su gente fue impulsada a buscar refugio en las comunidades ya establecidas alrededor de las costas del Mediterráneo. Los cultos de misterio se encontraron sin su fuente central de autoridad, con muchos de sus sacerdotes muertos en la rebelión abortada o expulsados al desierto. Los secretos, si no se perdían para siempre, tenían que estar comprometidos con la escritura, y sin embargo, si se encontraban, los documentos no debían revelar nada o traicionar a aquellos que todavía se atrevían a desafiar a las autoridades romanas y continuar con sus prácticas religiosas.

Los medios para transmitir la información estaban a la mano, y lo habían sido durante miles de años. Los cuentos populares de los antiguos tenían desde los tiempos más antiguos mitos basados en la personificación de las plantas y los árboles.

Estaban investidos de facultades y cualidades humanas y sus nombres y características físicas se aplicaron a los héroes y heroínas de las historias. Algunos de estos eran solo cuentos para entretenimiento, otros eran parábolas políticas como la fábula de Jotham sobre los árboles en el Antiguo Testamento, mientras que otros eran medios de recordar y transmitir el folklore terapéutico. Los nombres de las plantas se formaron para hacer la base de las historias, por lo que las criaturas de fantasía fueron identificadas, vestidas y hechas para representar sus partes.

Aquí, entonces, estaba el recurso literario de difundir el conocimiento oculto a los fieles. Para contar la historia de un rabino llamado Jesús, e invertirlo con el poder y los nombres de la droga mágica. Para que él viviera antes de los terribles acontecimientos que habían interrumpido sus vidas, para predicar un amor entre los hombres, extendiéndose incluso a los odiados romanos. Por lo tanto, al leer tal historia, si cayera en manos de los romanos, incluso sus enemigos mortales podrían ser engañados y no adentrarse más en las actividades de las células de los cultos de misterio dentro de sus territorios.

El ardid falló. Los cristianos, odiados y despreciados, fueron arrastrados y asesinados por miles. El culto casi murió. Lo que eventualmente tomó su lugar fue una parodia de lo real, una burla del poder que podría elevar a los hombres al cielo y darles un vistazo de Dios por el cual murieron de buena gana.

SECRETOS DEL SANTO GRIAL

La historia del rabino crucificado por instigación de los judíos se convirtió en una estaca histórica sobre la cual se fundó la autoridad del nuevo culto. Lo que comenzó como un engaño, se convirtió en una trampa incluso para aquellos que creían ser los herederos espirituales de la religión misteriosa y tomaban el nombre de "cristianos". Por encima de todo, olvidaron, o se purgaron del culto y de sus recuerdos, el único secreto supremo del que dependía toda su experiencia religiosa y extática: los nombres y la identidad de la fuente de la droga, la llave del cielo: el hongo sagrado. El hongo reconocido hoy como Amanita muscaria, o mata moscas, era conocido desde el comienzo de la historia. Debajo de la piel de su característico gorro rojo y blanco, se esconde un poderoso veneno alucinatorio.

Su uso religioso entre ciertos pueblos siberianos y otros ha sido objeto de estudio en los últimos años, y sus efectos estimulantes y depresivos han sido examinados clínicamente. Estos incluyen la estimulación de las facultades perceptivas para que el sujeto vea objetos mucho más grandes o más pequeños de lo que realmente son, los colores y los sonidos se mejoran mucho, y hay una sensación general de poder, tanto física como mental, fuera del rango normal de experiencia humana.

El hongo siempre ha sido algo misterioso. Los antiguos estaban desconcertados por su forma de crecimiento sin semilla, la velocidad con la que aparecía después de la lluvia y su rápida desaparición.

Nacido de una vulva o "*huevo*", parece un pene pequeño, levantándose como el órgano humano sexualmente excitado, y cuando se extendió ampliamente su dosel, los antiguos botánicos lo vieron como un falo que llevaba la "carga" de la ingle de una mujer. Cada aspecto de la existencia del hongo estaba plagado de alusiones sexuales, y en su forma fálica los antiguos vieron una réplica del mismo dios de la fertilidad. Era el "*hijo de Dios*", su droga era una forma más pura de los propios espermatozoides del dios que la detectable en cualquier otra forma de materia viva. Fue, de hecho, Dios mismo, manifestado en la tierra.

Para el místico era el medio divinamente dado de entrar al cielo; Dios había bajado en la carne para mostrar el camino a sí mismo, por sí mismo. Para arrancar una hierba tan preciosa asistieron en cada punto con peligro. El tiempo, antes del amanecer, las palabras para ser pronunciadas, el nombre del ángel guardián, eran vitales para la operación, pero se necesitaba más. Alguna forma de sustitución era necesaria, para hacer una expiación a la tierra robada de su descendencia. Sin embargo, tal era la naturaleza divina de la Planta Santa, como se la llamaba, solo el dios podía hacer el sacrificio necesario. Para redimir al Hijo, el Padre tuvo que suplir incluso el "*precio de la redención*". Estas son todas las frases usadas para el hongo sagrado, como lo son del Jesús de la teología cristiana.

Nuestro presente estudio tiene mucho que ver con nombres y títulos. Solo cuando podamos descubrir la nomenclatura del hongo sagrado dentro y fuera del culto, podremos comenzar a comprender su función y su teología. El factor principal que ha hecho posibles estos nuevos descubrimientos ha sido la constatación de que muchos de los nombres más secretos del hongo se remontan al antiguo sumerio, la lengua escrita más antigua que conocemos, atestiguada por textos cuneiformes que datan del cuarto milenio antes de Cristo. Además, ahora parece que esta lengua antigua proporciona un puente entre las lenguas indoeuropeas (que incluyen el griego, el latín y nuestra propia lengua) y el grupo semita, que incluye las lenguas del Antiguo Testamento, el hebreo y el arameo.

Por primera vez, es posible descifrar los nombres de dioses, personajes mitológicos, clásicos y bíblicos, y nombres de plantas. Por lo tanto, se puede determinar su lugar en los sistemas cúbicos y sus funciones en las antiguas religiones de la fertilidad. Las grandes barreras que hasta ahora parecían dividir el mundo antiguo, clásico y bíblico, se han cruzado por fin y en un nivel más significativo de lo que anteriormente era posible simplemente comparando sus respectivas mitologías. Las historias y personajes que parecen bastante diferentes en la forma en que se presentan en varios lugares y en puntos ampliamente separados en la historia ahora se pueden mostrar a menudo para tener el mismo tema central.

Incluso dioses tan diferentes como **Zeus** y **Jehová** encarnan la misma concepción fundamental de la deidad de la fertilidad, ya que sus nombres en origen son precisamente los mismos. Una lengua común anula los límites físicos y raciales. Incluso lenguas tan aparentemente diferentes como el griego y el hebreo, cuando se puede demostrar que derivan de una fuente común, apuntan a una comunalidad de la cultura en una etapa temprana. Por lo tanto, se pueden hacer comparaciones a un nivel científico y filológico que podría parecer impensable hasta ahora.

De repente, casi de la noche a la mañana, el mundo antiguo se encogió. Todos los caminos en el Cercano Oriente llevan a la cuenca mesopotámica, a la antigua Sumeria. De manera similar, las más importantes de las religiones y mitologías de esa área, y probablemente mucho más allá, están llegando al culto de los hongos de Sumer y sus sucesores.

En los estudios bíblicos, las antiguas divisiones entre las áreas de investigación del Antiguo y el Nuevo Testamento, nunca muy significativas, excepto para el teólogo cristiano, se vuelven aún menos válidas. En cuanto a los orígenes del cristianismo, debemos mirar no solo a la literatura inter-testamentaria, a los apócrifos y a los pseudopigrapha, y a los escritos recién descubiertos del Mar Muerto, ni siquiera meramente al Antiguo Testamento y otras obras semíticas, sino que tenemos que tome en consideración los textos religiosos y mitológicos sumerios y las escrituras clásicas de Asia Menor, Grecia y Roma. La Pascua Cristiana está tan firmemente vinculada a la Antestería Báquica como la Pascua Judía.

Sobre todo, es el filólogo el que debe ser la punta de lanza de la nueva investigación. Es principalmente un estudio en palabras. Una palabra escrita es más que un símbolo: es una expresión de una idea. Penetrar en su significado interno es mirar a la mente del hombre que lo escribió. Las generaciones posteriores pueden dar diferentes significados a ese símbolo, extendiendo su rango de referencia más allá de la intención original, pero si podemos rastrear el significado original, entonces debería ser posible seguir el rastro por el cual se desarrolló. Al hacerlo, a veces es posible incluso delinear el progreso del desarrollo mental, técnico o religioso del hombre.

La primera y más remota escritura fue por medio de imágenes, diagramas crudamente incisos en piedra y arcilla. Sin embargo, la falta de tales símbolos puede estar en el refinamiento gramatical o sintáctico, ellos transmiten, en un instante, la única característica que le pareció al escriba antiguo el aspecto más significativo del objeto o acción que está tratando de representar. "Amor" muestra como una antorcha llameante en el útero, un país extranjero como una colina (porque vivía en una llanura), y así sucesivamente. A medida que el arte de la escritura se desarrollaba aún más, podemos comenzar a reconocer las primeras declaraciones de ideas que luego tuvieron una gran importancia filosófica: "vida", "dios", "sacerdote", "templo", "gracia", "pecado". , y así. Para buscar sus significados posteriores en literatura religiosa como la Biblia, primero debemos descubrir su significado básico y seguir su desarrollo hasta donde lo permitan los escritos existentes.

Por ejemplo, como ahora podemos entender, el "pecado" para judíos y cristianos tenía que ver con la emisión de desechos de esperma humano, una blasfemia contra el dios que se identificaba con el precioso líquido. Si descubrir que esta comprensión del "pecado" parece tener un interés académico limitado en la actualidad, vale la pena recordar que es este mismo principio el que está en la raíz de las restricciones católicas modernas contra el uso de la "píldora".

En cuanto a la carga principal de nuestra investigación actual, nuestra capacidad recién descubierta de penetrar en los comienzos del lenguaje significa que podemos establecer los cultos de misterio posteriores, como los del judaísmo, de la religión dionisíaca y el cristianismo, en su gran parte contexto más amplio, para descubrir los primeros principios de los que se desarrollaron, sondear los misterios de sus nombres e invocaciones de culto y, en el caso del cristianismo al menos, apreciar algo de la oposición que encontraron entre las autoridades gubernamentales y las medidas tomadas para transmitir su secretos bajo la tapa de las mitologías antiguas en el vestido moderno. Nuestro estudio, entonces, comienza en el comienzo, con una apreciación de la religión en términos de un estímulo del dios para la procreación y la provisión de vida. Armados con nuestra nueva comprensión de las relaciones lingüísticas del antiguo Cercano Oriente, podemos abordar los principales problemas implicados en la nomenclatura botánica y descubrir aquellas características de las plantas más dotadas por los dioses que atrajeron la atención de los antiguos curanderos y profetas.

SECRETOS DEL SANTO GRIAL

El aislamiento de los nombres y epítetos del hongo sagrado abre la puerta a las cámaras secretas de los cultos místicos que dependían de sus experiencias alucinatorias místicas sobre las drogas encontradas en el hongo. Por fin es posible la identificación de los personajes principales de muchas de las antiguas mitologías clásicas y bíblicas, ya que ahora podemos descifrar sus nombres. Sobre todo, los epítetos de hongos y las invocaciones sagradas que tejieron los criptógrafos cristianos en sus historias del hombre Jesús y sus compañeros pueden ahora ser reconocidos, y las características principales del culto cristiano quedaron al descubierto.

El aislamiento del culto de los hongos y el significado real y oculto de los escritos del Nuevo Testamento abre una brecha entre las enseñanzas morales de los Evangelios y su entorno religioso bastante amoral. Los nuevos descubrimientos deben plantear de manera más aguda la cuestión de la validez de la "ética" cristiana para el tiempo presente. Si el rabino judío al que han sido atribuidos hasta ahora no ha sido más sustancial que el hongo, la autoridad de sus homilías debe mantenerse o caer en el asentimiento que puedan imponer por sus propios méritos. Lo que sigue en este libro es, como se ha dicho, principalmente un estudio en palabras e imágenes. Para un lector culto que cree en la historicidad esencial de las narraciones bíblicas, algunas de las actitudes mostradas en nuestro enfoque de los textos pueden parecer al principio extrañas.

Parecemos estar más interesados en las palabras que en los eventos que parecen registrar; más preocupado, por ejemplo, en el significado del nombre de Moisés que su supuesto papel como el primer gran líder político de Israel. De manera similar, hace un siglo aproximadamente, debe haberle parecido extraño al estudiante promedio de la Biblia entender el enfoque de un "modernista" del día que estaba más interesado en las ideas subyacentes a la historia de la Creación del Génesis y sus fuentes, que a la fecha, localizar e identificar el verdadero Jardín del Edén, y resolver el problema de dónde vino la esposa de Caín. Entonces, tomó una revolución en la apreciación del hombre de su desarrollo a partir de formas de vida inferiores y una comprensión más clara de la edad de este planeta para obligar al teólogo a abandonar la historicidad del Génesis.

Ahora enfrentamos una nueva revolución en el pensamiento que debe hacernos reconsiderar la validez de la historia del Nuevo Testamento. El avance aquí no está en el campo de la historia, sino en la filología. Nuestras nuevas dudas sobre la historicidad de Jesús y sus amigos no provienen de nuevos descubrimientos sobre la tierra y el pueblo de Palestina del primer siglo, sino sobre la naturaleza y el origen de las lenguas que hablaban y los orígenes de sus cultos religiosos.

Lo que preocupa al estudiante de origen cristiano es, ¿qué tipo de escritura es este libro que llamamos el Nuevo Testamento, y, en particular, cuáles son las narrativas llamadas Evangelios que intentan transmitir? ¿Es historia?

Esta es ciertamente una posibilidad, pero solo una de muchas. El hecho de que durante casi dos mil años un cuerpo religioso haya puesto su fe no solo en la existencia del hombre Jesús, sino incluso en su naturaleza espiritual y en la historicidad de ciertos eventos antinaturales llamados milagros, no es realmente relevante para la investigación. Hace cien años, este mismo cuerpo de opinión era igualmente inflexible en que toda la raza humana podía rastrear su origen a dos personas que vivían en el medio de Mesopotamia, y que la tierra había existido en el año 4004 aC.

El investigador debe comenzar con su única fuente real de conocimiento, la palabra escrita. En lo que respecta al judaísmo y al cristianismo, esto significa la Biblia. Hay muy poco más que pueda darnos detalles sobre lo que los israelitas creían sobre su dios y el mundo que lo rodea, o sobre la verdadera naturaleza del cristianismo. Las escasas referencias a un "*Christus*" o "*Chrestus*" en las obras de historiadores contemporáneos no cristianos, no nos dicen nada sobre la naturaleza del hombre, y solo muy dudosamente, a pesar de las afirmaciones que a menudo se hacen por ellos, ¿respaldan su historicidad? . Simplemente dan testimonio del hecho, nunca en disputa, de que las historias de los Evangelios estuvieron en circulación poco después del año 70 DC. Si queremos saber más sobre el cristianismo primitivo debemos mirar a nuestra única fuente real, las palabras escritas del Nuevo Testamento. Por lo tanto, como hemos dicho, la investigación es principalmente filológica.

El Nuevo Testamento está lleno de problemas. Enfrentan al investigador crítico de cada lado: cronológico, topográfico, histórico, religioso y filológico. No es hasta que se hayan resuelto los problemas de idioma que el resto se pueda evaluar de manera realista. Cuando, en el siglo pasado, una masa de material papirológico estuvo disponible en el mundo antiguo y arrojó nueva luz sobre la naturaleza del griego utilizado en el Nuevo Testamento, los eruditos sintieron que la mayoría de los principales obstáculos para una comprensión completa de los textos Ser eliminado. Pero, de hecho, para el filólogo, las cuestiones espinosas permanecen firmemente arraigadas en las historias, y no tienen nada que ver con la trama de las narraciones o los detalles cotidianos que dan color a la acción.

La preocupación más intransigente son las transliteraciones extranjeras, presuntamente arameas en el texto, junto con una "*traducción*" que no parece ofrecer una representación del original, como el apodo "*Boanerges*", que se supone que significa "*Hijos del trueno*", o el nombre "*Barnabas*", que se dice que representa "*Hijo de consolación*". Si lo intentan, los comentaristas no pueden ver cómo las "*traducciones*" se ajustan a los "*nombres*". Para el lector general, y particularmente para el cristiano que busca la iluminación moral o espiritual del Nuevo Testamento, tales trivialidades han significado poco. Para muchos estudiosos, detalles como estos son de menor importancia que la importancia teológica de la enseñanza de Jesús.

Se ha supuesto que en algún momento a lo largo de la línea de transmisión se produjo cierta corrupción textual en los "*nombres*", o que las "*traducciones*" fueron agregadas por manos posteriores que no estaban familiarizadas con el idioma original utilizado por el Maestro y sus compañeros. Como ahora podemos apreciar, estas aberraciones de los nombres propios y sus pseudo traducciones son de crucial importancia. Nos proporcionan una pista sobre la naturaleza del cristianismo original. Ocultos dentro hay nombres secretos para el hongo sagrado, el "*Cristo*" de la secta.

La naturaleza deliberadamente engañosa de sus malas traducciones desmiente la totalidad de la "historia de portada" del hombre Jesús y sus actividades. Una vez que se ha penetrado el velo del secretismo, la investigación puede avanzar rápidamente con el ajuste del fenómeno cristiano más firmemente en los patrones de culto del antiguo Cercano Oriente. Muchos hechos aparentemente no relacionados con los omnipresentes cultos mistéricos del área y sus mitologías relacionadas de repente comienzan a unirse en un todo intelectualmente satisfactorio. En cualquier estudio de las fuentes y el desarrollo de una religión en particular, las ideas son el factor vital. La historia ocupa el segundo lugar. Incluso el tiempo es relativamente poco importante. Esto no es para subestimar la importancia de las influencias políticas y sociológicas en la formación de un culto y su ideología; pero los materiales principales de la filosofía provienen de una concepción fundamental del universo y la fuente de la vida.

Ciertos hombres altamente imaginativos o "inspirados" pueden aparecer de vez en cuando en la historia de un pueblo y afectar las creencias y la forma de vida de ellos. contemporáneos y sucesores. Adaptan o desarrollan lo que encuentran y le dan un nuevo ímpetu o dirección. Pero la arcilla que están modelando recientemente ya estaba allí y constituye el principal objeto de investigación para el estudiante del desarrollo del culto.

Estamos, a lo largo de este libro, interesados principalmente en este "barro" y las formas muy extrañas que asumió en las religiones de misterio de las cuales ahora podemos reconocer el cristianismo como un ejemplo importante. Por supuesto, la historia se obliga una y otra vez a nuestra atención.

¿Abraham, Isaac y Jacob alguna vez existieron como personas reales? ¿Hubo alguna vez una estadía en Egipto del Pueblo Elegido, o un líder político llamado Moisés? ¿Fue la concepción teológicamente poderosa del Éxodo alguna vez un hecho histórico? Estas y muchas otras preguntas semejantes son planteadas de nuevo por nuestros estudios, pero es nuestra opinión que no son de primordial importancia. Mucho más urgente es la importancia principal de los mitos en los que se encuentran estos nombres. Si tiene sentido encontrar su relevancia real en el antiguo culto del hongo sagrado, entonces la naturaleza de la religión israelita más antigua debe ser reevaluada, y es relativamente poco importa si estos personajes son históricos o no.

En el caso del cristianismo, las preguntas históricas son quizás más agudas. Si la historia del Nuevo Testamento no es lo que parece, entonces cuándo y cómo la Iglesia Cristiana llegó a tomarla en su valor nominal y hacer que la adoración de un solo hombre sea Jesús, crucificado y milagrosamente traído a la vida, el tema central de su filosofía religiosa? La pregunta está relacionada con la naturaleza de las "herejías" que la Iglesia expulsó al desierto. Lamentablemente, no tenemos suficiente material que nos permita identificar todas estas sectas y conocer sus secretos.

La Iglesia destruyó todo lo que consideraba herético, y lo que sabemos de tales movimientos se deriva en gran parte de las refutaciones de los primeros Padres de sus creencias. Pero al menos ya no tenemos que exprimir tales "aberraciones" en un siglo o dos después del año 30 d. C. El "cristianismo" bajo sus diversos nombres había estado prosperando durante siglos antes de eso. Como ahora podemos apreciar, fue el culto más original el que fue llevado a la clandestinidad por los esfuerzos combinados de las autoridades romanas, judías y eclesiásticas; fue la suprema "*herejía*" que surgió, hizo los términos con los poderes seculares, y se convirtió en la Iglesia de hoy.

Estamos, entonces, tratando con ideas en lugar de personas. No podemos nombrar a los personajes principales de nuestra historia. Sin duda, había verdaderos líderes que ejercen un poder considerable sobre sus semejantes, pero en los cultos de misterio nunca se le decía nada a los extraños al culto.

No podemos, como el pietista cristiano, conjurar para nosotros la imagen de un joven que trabajaba en el banco de carpintería de su padre, tomando pequeños niños en sus brazos, o hablando fervientemente con María mientras su hermana hacía las tareas domésticas. En este sentido, nuestro estudio no es fácil. No hay una sola respuesta simple a los problemas del Nuevo Testamento que pueda descubrir cualquiera que esté reorganizando las narraciones evangélicas para producir una imagen más del hombre Jesús.

El nuestro es un estudio de palabras, imágenes y, a través de ellos, de ideas. Al final tenemos que probar la validez de nuestras conclusiones no contra la historia comparada, y menos contra las creencias de la Iglesia, pasadas o presentes, sino contra el patrón general del pensamiento religioso, ya que ahora puede rastrearse a través del antiguo Cercano Oriente. desde los primeros tiempos. La pregunta que debemos hacernos es: ¿el cristianismo, tal como ahora se revela por primera vez, encaja adecuadamente en lo que fue antes del primer siglo, no lo que vino después en su nombre?

SECRETOS DEL SANTO GRIAL 68

CAPÍTULO II
CRISTO Y LA SETA SAGRADA

«ESTE ES EL ORIGEN BÁSICO DE LAS HISTORIAS EN EL NUEVO TESTAMENTO, SON UN RECURSO LITERARIO PARA DIFUNDIR LOS RITOS Y LAS REGLAS DEL CULTO DE LAS PLANTAS ALUCINÓGENAS ENTRE LOS FIELES...»
— JOHN MARCO ALLEGRO

SECRETOS DEL SANTO GRIAL 70

Los manuscritos

Los rollos del Mar Muerto se cuentan entre los mayores descubrimientos de manuscritos de los tiempos modernos. Fueron hallados entre 1947 y 1956 en la costa noreste del Mar Muerto. Suman cerca de 900 textos, repartidos en más de 15.000 fragmentos. En su mayoría son pergaminos, escritos con una tinta a base de carbón.

Los sitios arqueológicos

Además de las 11 cuevas de Qumrán, entre 1951 y 1963 se hallaron otros rollos en sitios cercanos (cuya exploración fue impulsada por el hallazgo de los manuscritos del Mar Muerto). Éstos también suelen incluirse bajo el rótulo general de manuscritos del Mar Muerto.

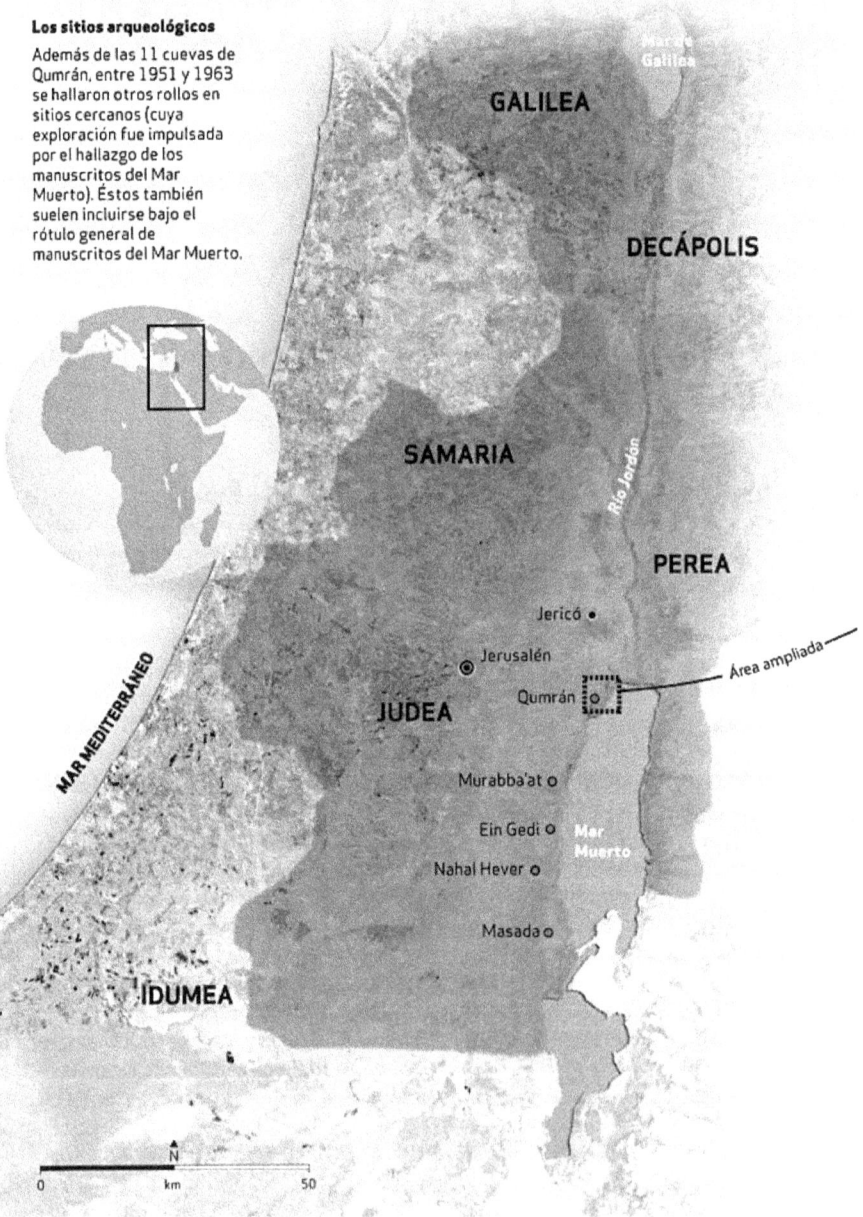

John Allegro, un distinguido erudito británico, escribió en los años 70 un sensacional libro que sin duda causó la mayor agitación en el pensamiento cristiano ortodoxo desde que Charles Darwin dijera que el hombre descendía del mono. Porque él no solo argumenta la inexistencia de Jesucristo y de los Apóstoles, sino que afirmaba que el cristianismo -así como el judaísmo y otras religiones del Cercano y Medio Oriente como el islam- no son más que resacas de un antiguo culto a la fertilidad.

John Allegro, era un experto, el autor de Holy Mushroom and The Cross, en español-La Seta sagrada y la Cruz-, y profesor del Antiguo Testamento y Estudios Inter-Testamentarios en la Universidad de Manchester, y un filólogo, un estudiante de palabras y lenguaje. También es uno de los mayores expertos del mundo en los Manuscritos del Mar Muerto.

SECRETOS DEL SANTO GRIAL

El Sr. Allegro me dijo en los años 80 cuando asistía a un seminario suyo lo siguiente: "Miles de años antes del cristianismo, surgieron cultos secretos que adoraban al hongo sagrado, la Amanita Muscaria, que, por diversas razones (incluida su forma y el poder como droga) llegó a ser considerada un símbolo de Dios en la tierra. "Cuando los secretos del culto tuvieron que escribirse, se hicieron en forma de códigos ocultos en cuentos populares. "Este es el origen básico de las historias en el Nuevo Testamento. Son un recurso literario para difundir los ritos y las reglas del culto de los hongos a los fieles ".

El desafío de tal afirmación de la creencia ortodoxa, proveniente de uno de los principales expertos del mundo y de uno de los 3 que primeros que tradujo los manuscritos del mar muerto, en este campo, es una especie de bomba atómica religiosa, que ha amenazado a la religión no solo la cristiana con una caída demoledora.

Ventanales del Evangelio, Iglesia de la Catedral de Chartres, Francia 1284

La controversia que provocará, seguramente llevará a debates y cismas furiosos y enconados que dividirán, no solo a los cristianos, sino a los judíos, musulmanes y otros cuyas religiones tienen su origen en las áreas investigadas por las investigaciones del Sr. Allegro. Es un desafío fundamental. Para muchos, podría sugerir no solo que no había Cristo o Moisés, sino que ninguno de estos profetas hablo con dios directamente sino que se drogaban y esta práctica estaba reservada solo para la élite.

Panel del Edén, Iglesia de St. Michaels, en Hildesheim Alemania, 1240.
El trasfondo ocurre sobre una gran lona celestial de rojo y pintas blancas representando al culto de la amanita muscaria. La fruta o planta prohibida del Edén.

No solo -quiero pronunciar las propias palabras dichas por el Catedrático Allegro- *"que las historias en los Evangelios y Hechos fueron un engaño deliberado"*, sino también que no hay Dios. El Sr. Allegro basa sus afirmaciones en sus investigaciones sobre el lenguaje escrito más antiguo que conocemos: el texto *"cuneiforme"* sumerio que data de 3500 aC. De esta lengua muerta antiquísima, él cree que vino el lenguaje de la Biblia. Y entonces, dice, ya no tenemos que interpretar la historia del Nuevo Testamento en su valor nominal.

SECRETOS DEL SANTO GRIAL

La arquitectura de templos, sinagogas, mezquitas e iglesias o catedrales ha sido fuertemente influenciada por este ancestral culto a los hongos.

Podemos rastrear los nombres propios y las palabras utilizadas en él a sus verdaderos y originales significados. "*Es esto*", dice Allegro, "*que revela el culto del hongo fálico*". El libro del Sr. Allegro, que se publicó en todo el mundo, condujo a debates feroces. Él dice: "*Sin duda alguna me acusan de blasfemia. Pero estas conclusiones son el resultado de una investigación desapasionada puramente científica.*"

La historia de la vida del profesor Allegro es fascinante, el cuenta : "*Cuando dejé la Royal Navy -armada británica- en 1947 comencé a entrenar para el ministerio metodista como estudiante de teología en la Universidad de Manchester. Esto me llevó a estudiar las antiguas lenguas semíticas, incluido el hebreo y el arameo del Antiguo Testamento, y progresivamente me interesé más por el lenguaje y menos por la teología.*"
"*Luego vino mi nombramiento como el primer representante británico en el equipo de edición de los manuscritos del Mar Muerto en Jerusalén. De mi trabajo en estos textos, el siguiente paso fue un reexamen de los nombres y títulos del Nuevo Testamento, y la constatación de que había oculto detrás de ellos de lo que se observa a simple vista.*"

"*Y entonces investigué más profundamente-hasta los comienzos de la civilización. los sumerios. Y este libro es el resultado*".

SECRETOS DEL SANTO GRIAL 78

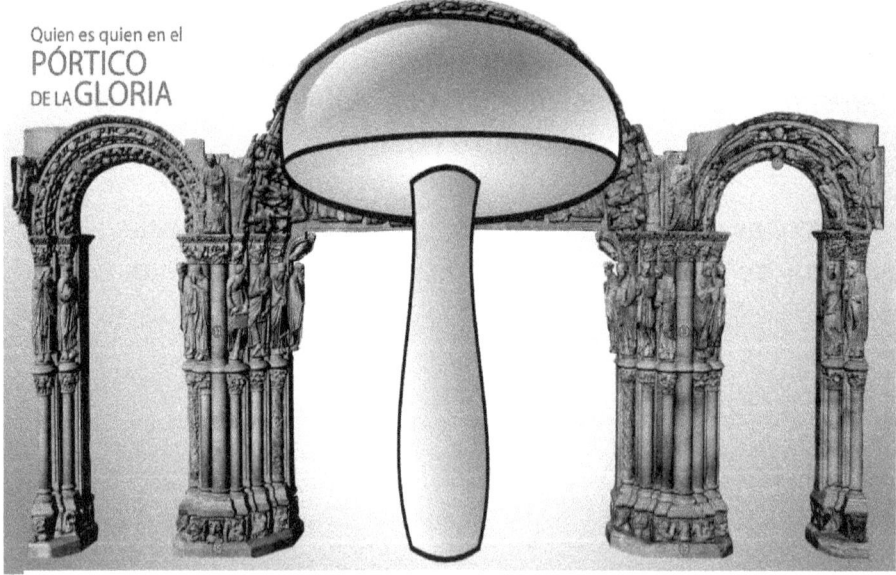

Quien es quien en el
PÓRTICO
DE LA GLORIA

Hace años entrevisté al director gerente de Hodder y Stoughton, la editorial que primero publicó los estudios de Allegro, el Sr. Robin Denniston y me contaba que: "John Allegro incuestionablemente plantea preguntas religiosas fundamentales y revolucionarias. *"Pero incluso si se le puede desafiar en algunas de sus interpretaciones, nuestro sentimiento es que esta es una contribución seria y profundamente importante a un área de conocimiento que es de vital importancia, no solo para la comunidad cristiana, sino para toda persona que sabe leer y escribir"*.

Para el hombre primitivo que vivía en las tierras secas, a menudo desérticas del Cercano y Medio Oriente, la vida dependía casi por completo de la lluvia. Venía del cielo para hacer crecer las cosas, y en su sencillez llegó a creer que en alguna parte por encima de él había un poderoso falo en el cielo, y esa lluvia era su semen que descendía para fertilizar el útero que llamamos tierra. De este razonamiento inocente nacieron todas las religiones de esa área: los antiguos cultos de los griegos y los persas, el judaísmo, el cristianismo y hasta el mahometanismo. Todos tuvieron su origen en esta idea básica de un falo celestial. Una vez que el hombre resolvió su teoría sobre la lluvia divina, pensó que podía ayudar a estimular la lluvia de la misma manera que lo hacía con los orgasmos en la tierra; cantando, bailando, presentaciones orgiásticas y, sobre todo, realizando el acto sexual, particularmente en los campos, donde más se necesitaba el semen sagrado.

SECRETOS DEL SANTO GRIAL

Santuario del Libro, depósito de los Manuscritos del Mar Muerto en Jerusalén.
Construido y diseñado en una curiosa forma de hongo o champiñón.
¿Hay algo que saben las autoridades hebreas que no nos quieren contar?

Fue entonces un paso natural querer compartir los secretos de cómo controlar el poder y conocimiento del falo celestial. A lo largo de los siglos hubo quienes experimentaron con hierbas y drogas y, como mostraré, encontraron una droga que realmente parecía transportarlos fuera de este mundo al cielo. Pero este conocimiento no debía compartirse indiscriminadamente. Si Dios estaba celoso de sus poderes, también lo estaban aquellos a quienes les dio esta visión de la divinidad. El paraíso era para los pocos favorecidos. Y así surgió el sacerdocio con sus preparaciones y ceremonias secretas que tenían que ser observadas antes de que los elegidos pudieran tomar los rituales de drogas que les daban grandes poderes sobre el resto de la comunidad. En raras ocasiones, y solo con fines prácticos urgentes, esos secretos alguna vez se comprometieron a escribir.

Normalmente se pasarían de boca en boca entre el sacerdote y el iniciado: dependientes para su transmisión precisa en las memorias entrenadas de los hombres dedicados al aprendizaje y la recitación de estas "escrituras". Pero si, por alguna razón dramática - persecución, o la interrupción causada por la guerra: se hizo necesario escribir los nombres preciosos de la droga, la forma de su uso y los encantamientos secretos, que se escribió en forma secreta.
Un código oculto en una historia que contiene juegos de palabras o algún otro juego de palabras.

SECRETOS DEL SANTO GRIAL

Arriba, catedral del salvador de San Petersburgo con formas del champiñon siberiano. Abajo retablo de la catedral de Santiago de compostela en Galicia, España, muestra hongos brotando de plantas...la virgen cubierta por una cúpula en forma de champiñón no de concha. La concha no tiene esas fibrillas sino que las vieiras de esa zona tienen forma de T, lo que nos inclina a pensar que es una representacion más del champiñón sagrado.

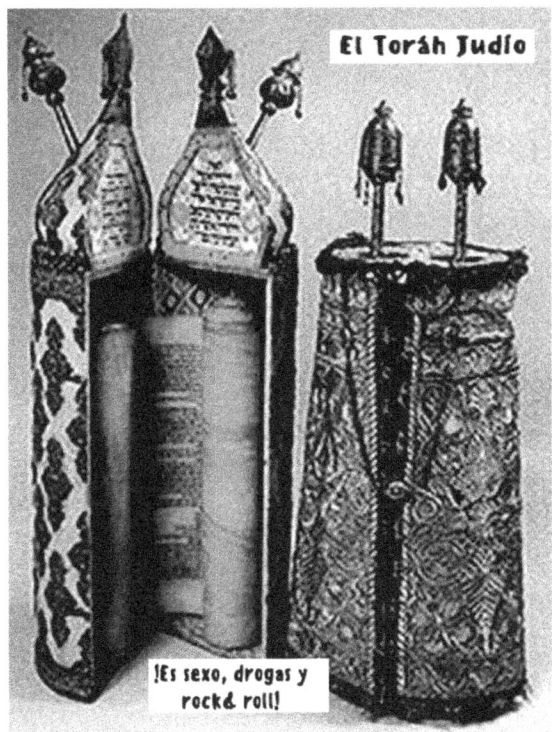

El Toráh Judío

¡Es sexo, drogas y rock & roll!

moneda del siglo I-II A.c.
más drogas acuñadas

moneda del templo
macabeo mostrando alcohol
y drogas y una copa parecida en su base
al hongo sagrado

moneda judía-assírica
con el símbolo de la droga opio y el grial
mucho antes de Cristo

Más tarde, cuando estos culto enteogénicos y de hongos y plantas psicodélicas se hicieron más sofisticados y se trasformaron en una religión de misterios, relacionado con la ingestión de drogas y orgías frenéticas añadiendo tonalidades políticas, dichos cultos chocaban con las autoridades. Para evitar persecuciones sus adeptos trasmitieron sus fórmulas secretas por medio de las adaptaciones de viejos relatos mitológicos, y debemos el empleo de este recurso las historias de Jesús en el Nuevo Testamento.

SECRETOS DEL SANTO GRIAL

Los romanos perseguidores de los primeros cristianos probablemente no se dejaron engañar por el relato acerca del hijo de un rabino judío crucificado, pero más adelante la Iglesia Romana eliminó los inquietantes recuerdos de sus orígenes en estos cultos, impulsando la causa de la llamada respetabilidad, por lo que se dio a predicar un Jesús histórico. Aunque vestigios sobre todo en sus ropas y vestiduras, mas concretamente las del papa y sus acólitos los cardenales perduraron al paso de los siglos. Y lo mismo pasó con los rabinos y los imanes los cuales tienen vestiduras y gorros reminiscentes al culto del hongo sagrado.

Allegro señaló esto como la verdad básica sobre las historias en el Nuevo Testamento. La clave que desbloqueó el secreto es la filología: el estudio de las palabras y el lenguaje. Recientes descubrimientos sobre los orígenes del lenguaje del Antiguo y Nuevo Testamentos -hebreo, arameo y griego- le habían revelado que desde tiempos muy antiguos los significados originales de las palabras y las historias se perdieron o se malinterpretaron.

Cristo, por ejemplo, lejos de ser una persona real, ahora se muestra como simplemente otro nombre para la planta de drogas. Una de las ocasiones en que los secretos del culto a las drogas tuvieron que anotarse fue después de la revuelta judía de 66AD. Sacudidos por la locura inducida por los narcóticos para creer que Dios los había llamado a dominar el mundo en su nombre, los miembros de la secta provocaron al poderoso poder de Roma a una acción rápida y terrible. Jerusalén fue devastada, su templo destruido. El judaísmo se vio interrumpido y su gente se vio obligada a buscar refugio en las comunidades ya establecidas alrededor de las costas del Mediterráneo, más concretamente en lugares como en la costa española, griega e italiana.

Los cultos de misterio se encontraron sin su fuente central de autoridad, con muchos de sus sacerdotes muertos en la rebelión abortada o expulsados al desierto. Los secretos, si no se perdían para siempre, tenían que ser escritos. Sin embargo, si se los encuentra, los documentos no deben revelar nada ni traicionar a quienes se atrevieron a desafiar a las autoridades romanas y continuar con sus prácticas religiosas. Los medios para transmitir la información estaban cerca, y lo habían estado durante miles de años. Desde los primeros tiempos, los cuentos populares de los antiguos contenían mitos basados en la personificación de las plantas y los árboles. Tenían facultades y cualidades humanas y sus nombres y características físicas se aplicaron a los héroes y heroínas de las historias.

Algunos de estos eran solo cuentos creados para entretener, otros eran parábolas políticas como la fábula de Jotham sobre los árboles en el Antiguo Testamento, mientras que otros eran medios para recordar y transmitir el folclore terapéutico. Los nombres de las plantas se formaron para formar la base de las historias, por las cuales las criaturas de fantasía fueron indemnizadas vestidas, y hechas para representar cada una su papel.

Nacido de una vulva o "*huevo*". Parece como un pene pequeño, levantándose como el órgano humano sexualmente excitado, y cuando se extendió ampliamente su dosel los antiguos botánicos lo vieron como un falo que cargaba con la "*carga*" de la ingle de una mujer. Cada aspecto de la existencia del hongo estaba plagado de alusiones sexuales, y en su forma fálica los antiguos se dieron cuenta que era una réplica del mismo dios de la fertilidad. Su droga era la forma más pura de los espermatozoides celestiales detectables en cualquier otra forma de materia viva. La droga era Dios mismo, manifestado en la tierra. Para el místico era el medio divinamente concedido para entrar al cielo: Dios había bajado en la carne para mostrar el camino de sí mismo, solo. Hasta ahora no he respaldado estas declaraciones mías con suficientes pruebas, aunque poco a poco vamos desgranando también fotográficamente como arriba, y el lector se puede percatar de cómo pensaban los antiguos en un mundo sin deportes, televisión, coches y las comodidades de la vida civilizada y moderna.

El principal factor que ha hecho posible estos nuevos descubrimientos ha sido la recuperación de la lengua escrita más antigua que conocemos: los textos "*cuneiformes*" sumerios, que se remontan a aproximadamente el 3.500 aC. Ahora parece que esta antigua lengua proporciona un puente entre las lenguas indoeuropeas, que incluyen el griego, latín e inglés, y el grupo semita que incluye el hebreo y arameo. Por primera vez, es posible descifrar los nombres de dioses, personajes mitológicos, clásicos y bíblicos, y nombres de plantas. Por lo tanto, se puede determinar su lugar y funciones en las antiguas religiones de la fertilidad.

SECRETOS DEL SANTO GRIAL

Moses and the rod that became a serpent (Exodus 4, 2-4). Allegro thinks this "conjuring trick" is full of mushroom symbolism.

Ancients believed thunderstorms fertilised the earth they knew as the womb. After the rain came the mushrooms.

Ahora se puede demostrar que las historias y personajes que parecen bastante variopintos en la forma en que se presentan en varios lugares y en puntos ampliamente separados de la historia tienen el mismo tema central.

El cristianismo ya había prosperado durante siglos antes del supuesto nacimiento de Jesús, bajo varios nombres. Estamos, entonces, lidiando con ideas en lugar de personas. No podemos nombrar a los personajes principales de nuestra historia. En este sentido, nuestro estudio no es fácil. No hay una sola respuesta simple a los problemas del Nuevo Testamento que pueda descubrirse al reorganizar las narraciones evangélicas para producir otra imagen del hombre Jesús. La pregunta que debemos hacernos es:

¿El cristianismo revelado por primera vez por nuestras investigaciones encaja adecuadamente en lo que pasó ANTES del primer siglo, no lo que vino después en su nombre?

Moisés y la barita que se convirtieron en serpiente en el Ëxodo 4,2-4. Allegro postulaba que el truco del conjuro estaba lleno de simbología relacionada con el culto al champiñón. Los antiguos creían que las tormentas fertilizaban la tierra que conocían como el "*el seno*" de la madre, y después de la lluvia nacían los champiñones , setas u hongos. TODAS las religiones del Cercano y Medio Oriente -Judaísmo, Cristianismo y Mahometanismo, así como muchas de las antiguas mitologías griegas y persas- tenían el mismo origen.

Una creencia simple y primitiva de que Dios era un falo en el cielo, cuya lluvia orgásmica fertilizó el útero que llamamos tierra y produjo cultivos y vegetación. Luego surgieron los sacerdocios, hombres que dijeron que podían actuar como intermediarios con el falo divino. Y se creía que podían hacerlo mediante el uso de una poderosa droga que, de hecho, parecía transportarlos de este mundo a algún paraíso celestial. Esta droga era la seta, Amanita Muscaria o el hongo mágico. Al principio, los secretos del culto a los hongos -los procedimientos y conjuros que debían acompañar la recolección y el uso de la planta- se transmitían solo de boca en boca. Pero cuando llegó el momento de que se anoten, las instrucciones se dieron en forma de código.

Los nombres antiguos y secretos del hongo sagrado se tejieron en una historia sobre un rabino llamado Jesús. En la superficie, sus dichos y acciones parecían políticamente intachables y loables religiosamente y moralmente. Sin embargo, bajo la superficie, ocultos por juegos de palabras o juegos de palabras, falsas "*traducciones*" y dispositivos literarios similares, estaban los verdaderos secretos del culto. En el sentido de que la historia de Jesús y sus amigos tenía la intención de engañar a los enemigos de la secta, judíos y romanos, era un engaño, el más grande de la historia.

Desafortunadamente falló. Los judíos y los romanos no fueron admitidos; pero los sucesores inmediatos de los primeros "*cristianos*" (usuarios del "Christus", el hongo sagrado) lo fueron. La Iglesia hizo de la base de su teología una leyenda que gira alrededor de un hombre crucificado y resucitado, que en realidad nunca existió. ¿Por qué venerar un hongo en primer lugar? Por un lado, las alucinaciones causadas eran un hecho conocido. Y a los antiguos su misma apariencia se suma su calidad mágica.

Una planta que crecía rápidamente como el órgano sexual masculino cuando se despertaba o excitaba, y cuando se extendía ampliamente su dosel fue visto como un falo coronado por la ingle de la mujer, un símbolo del acto supremo de la fertilidad. Para los antiguos, el hongo era una réplica del falo en el cielo.

Para el naturalista romano Plinio, el hongo debía ser considerado como una de las "*maravillas más grandes de la naturaleza*", ya que "*pertenecía a una clase de cosas que surgían espontáneamente y no podían crecer de la semilla*". Hasta la invención del microscopio, la función de la espora, producida por cada hongo en millones, no pudo ser apreciada. Una explicación entre los antiguos para la creación del hongo sin semilla aparente fue que el "útero" había sido fertilizado por el trueno, ya que comúnmente se observó que los hongos aparecieron después de las tormentas eléctricas.

Por lo tanto, fue engendrado de manera única. El proceso normal de procreación había sido pasado por alto. La semilla no había caído de alguna planta anterior, para ser nutrida por la tierra hasta que produjo una raíz y tallo. El dios había "*hablado*" y su "*palabra*" creativa había sido llevada a la tierra por la tormenta - el viento - un mensaje angelical del cielo.

SECRETOS DEL SANTO GRIAL

Ver el hongo era ver al Padre, y era como "*la Planta Santa*" "*El santo grial*" por lo cual el hongo sagrado llegó a ser conocido en todo el mundo antiguo. ¿Cómo podemos llegar a estas conclusiones? La respuesta está en el estudio de la filología, la ciencia de las palabras y el lenguaje, y el descubrimiento de los verdaderos orígenes (y, por lo tanto, los significados) de los nombres y las historias relatadas en la Biblia. La clave tiene solo unos cien años: el descubrimiento por Sir Henry Rawlinson de las tablillas de arcilla en las ruinas de la antigua Nínive en Mesopotamia. En ellos se escribieron mensajes en un idioma hasta entonces desconocido llamado sumerio.

CAPITULO III
ABRACADABRA EL LENGUAJE SECRETO DEL HONGO

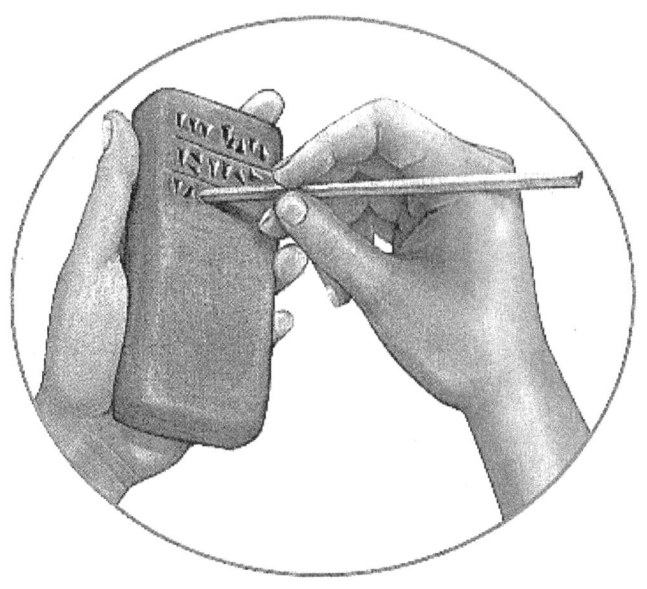

«ALGUNOS ME ACUSARÁN DE BLASFEMIA...»
—JOHN ALLEGRO

Las "*letras*" consistían en signos en forma de cuña ("*cuneiformes*") impresos en arcilla suave que luego se horneaba al sol. Los símbolos en forma de cuña se desarrollaron a partir de pequeñas imágenes de objetos comunes como una cabeza, pierna u otras partes del cuerpo humano. Cada imagen representaba una idea, y tal "*escritura*" primitiva puede ofrecer una mejor comprensión del pensamiento detrás de la palabra que métodos posteriores, más estilizados, de expresión de letras y sílabas. Los idiomas de la Biblia, hebreo, arameo y griego, todos derivan en última instancia de este antiguo sumerio, por lo que ahora podemos rastrear ideas religiosas básicas más atrás que nunca. Además, dado que los nombres propios, como los de los dioses y las leyendas bíblicas y clásicas, tienden a resistirse al cambio, ahora podemos comenzar a descifrar sus significados originales.

Por ejemplo, Esaú significa "*dosel*": el gorrito del hongo (de ahí la idea de su piel roja, como el gorro rojo y blanco de Amanita muscaria). "*Moisés*" significa "*serpiente emergente*", una referencia al hongo visto como una serpiente emergiendo de su agujero en el suelo (de ahí el truco de conjurar con la serpiente y la vara: Éxodo 4.2-4).

Y así. Más importante aún, ahora podemos descifrar los nombres de los dioses judíos y clásicos, especialmente Jehová y Zeus. Ambos significan lo mismo: *"Jugo de fecundidad"*, la fuente de la vida. Entonces, a pesar de todo lo que previamente habíamos pensado, Jehová era una deidad de la fertilidad, y no, como comúnmente se supone, un dios del desierto implacablemente opuesto a los dioses de la naturaleza de Canaán y sus ritos sexuales. Ahora podemos comenzar a entender los nombres bíblicos descriptivos de Jehová como Sebaot- *"de los ejércitos"*, como suele traducirse. En realidad, "*Sebaot*" proviene de dos palabras sumerias que significan "*pene de la tormenta*". El nombre "*José*" es una forma abreviada del mismo título.

Las designaciones fálicas similares se dan, como ahora vemos, a muchos dioses sumerios, griegos y semíticos, ancestros tribales y héroes. Hércules, ese gran "*portador del garrote o basto*", recibió su nombre por la grosería de su órgano sexual, al igual que el antepasado de la tribu hebrea Isacar.

Este es solo un ejemplo de cómo ahora podemos abarcar toda el área de nuestro estudio y reunir cultos religiosos aparentemente muy dispares simplemente a través de la capacidad de descifrar los nombres y epítetos de sus dioses. Los antiguos creían que debajo de la corteza terrestre yacía un "mar de conocimiento" formado por la lluvia celestial. Por lo tanto, las almas de los muertos necesariamente tenían que conocer mejor la mente de Dios.

Y, dado que las plantas tenían sus raíces debajo de la tierra, algunas de ellas, eran fábricas de drogas, también podían aprovechar el depósito del conocimiento divino. Entonces, si el hombre pudiera descubrir experimentalmente esas plantas más poderosas, a él también se le podría permitir compartir los secretos de los muertos y de Dios. Él podía conocer el futuro y también estar dotado de una fuerza sobrehumana y divina de mente y cuerpo. Entre los devotos del culto de los hongos, era la **Amanita Muscaria** la que contenía este jugo divino más que cualquier otra planta medicinal.

Por lo tanto, no es sorprendente que el culto se convirtiera, en el Cercano Oriente, en una religión misteriosa que persistió durante miles de años. Parece una buena evidencia el creer que se extendió desde allí hacia la India en forma a la adoración de la droga Soma, tema de muchos himnos del sánscrito Rig Veda, hace unos 3.500 años. El culto ciertamente floreció en Siberia en tiempos más recientes, y una versión posiblemente relacionada en Sudamérica ha sido objeto de mucha investigación al cabo de estas décadas y que tocaremos más adelante en este libro. En parte debido al uso religioso del hongo sagrado y al respeto temeroso con que la gente del campo siempre lo ha tratado, sus nombres más originales se volvieron tabú y los nombres y epítetos populares proliferaron a su costa. Es como si, en nuestro propio idioma, el único nombre con el que conociéramos el hongo fuera el nombre popular de "*seta*", y que algún investigador del futuro se enfrentara al problema de decidir qué especies de plantas servían como comida de ranas gigantes.

En la búsqueda de los nombres y epítetos populares de hongos, una de nuestras fuentes principales obviamente será su forma distintiva de un tallo delgado que sostiene un dosel arqueado, como una sombrilla.

Aquí hay algunos nombres y / o terminologías que se le dieron a esta seta a lo largo de la historia, muchos de los cuales exploraremos más a fondo. De hecho, hay tantos que nombrarlos todos podría llevarnos toda una vida, por lo tanto, obviamente, esta lista no incluye todos.

- SOMA (dios-planta hindú). Soma también es griego para "cuerpo".
- Amrita (sacramento mágico budista).
- Ambrosia (Griego, "Comida de los Dioses").
- El Santo Grial (tenga en cuenta la forma de Grial de la seta muscaria revuelta, "Vasija que contiene la sangre del Dios")
- Fruta del Árbol de la vida: Fruto del Árbol = el hongo; el cuerpo principal (mycellium) creciendo bajo tierra en una
- Relación simbiótica con el Pino.
- El vellocino de oro
- La Fuente de la Juventud: Es probable que Ponce De 'León haya pateado involuntariamente aquello mismo que estaba buscando; la muscaria roja crece bajo el Pino en el norte de Florida en diciembre.
- Haoma: Sacramento Islámico.
- Manna: hay dos tipos en la Biblia; ver Juan cap. 6 a 14. Manna significa "hongo".
- Pan de La Vida: Sí, es la "Barra de la Bendicción"
- Fountain of Living Waters: está vivo, con un 90% de agua y tiene forma de fuente.
- Hidden Manna: Ver Ap. 2:17
- El Huevo Cósmico, El Huevo de Pascua (¿Qué es lo que realmente estamos imitando en Pascua? La caza de setas, POR SUPUESTO).
- La piedra Prima Materia / Philosophers: la sustancia secreta de los alquimistas (busca el libro de Clark Heinrich "Strange Fruit"; fascinante!).
- Soma: la planta hindú Dios y el elixir de la inmortalidad.
- La Carne del Dios: El hongo es muy similar a la carne y se representa así.
- El fruto del árbol del conocimiento / la vida.
- La Carne de Jesús y otros Dioses (Toma y come. Este es mi "cuerpo" [Griego, "SOMA"]).

SECRETOS DEL SANTO GRIAL

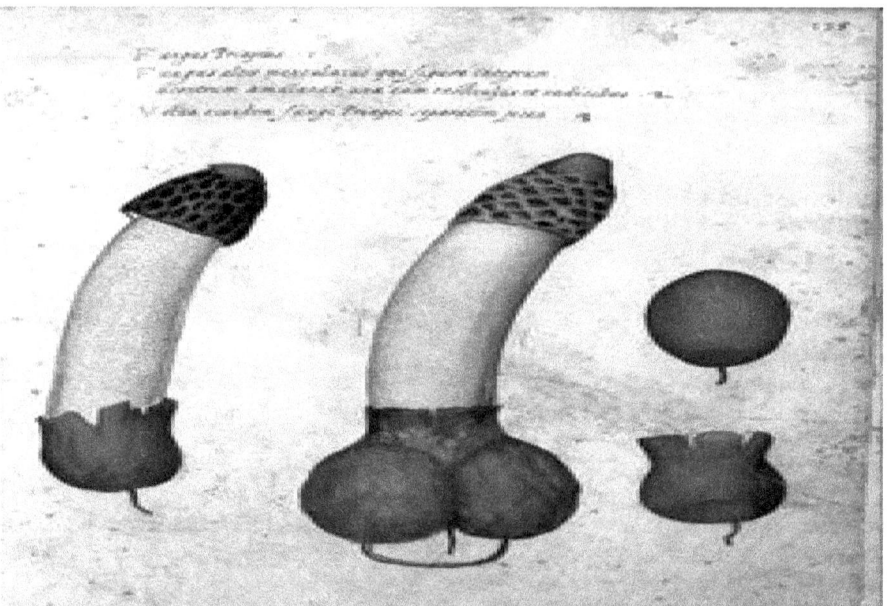

- El Martillo de Thor: La forma es obvia. Thor arroja su martillo en forma de champiñón al suelo en un rayo y un potente sonido de trueno.
- Lightning es el creador mítico de la seta.
- La pequeña piedra blanca: el estado infantil de la seta se asemeja a una pequeña piedra blanca.
- El elixir de la inmortalidad: el mito del batido del océano lechoso describe esto de una manera fenomenal.
- La Serpiente Emplumada: desde su primer estado de huevo hasta su segundo estado de serpiente, desprende su velo universal (desprendiendo su piel) y finalmente levanta su gorra (branquias que se asemejan a plumas). La serpiente emplumada es cosmopolita en su simbología.
- El Fénix: de las cenizas (esporas) aparece el huevo. Luego viene el gorro hacia arriba que se asemeja a un pájaro de color dorado y rojo (las agallas como plumas). Luego el calor (sol) quema el hongo y se disuelve, dejando de nuevo solo cenizas (esporas), y finalmente repite todo el ciclo.
- Ankh: Aguas y vida, o las aguas de la vida en Egipto.
- Rudra: el dios rojo hindú del bosque.
- Djed: El falo o pilar de Osiris.
- El Aullido de Ojos Únicos: La forma redonda del ojo que representa la visión del universo.
- El Ojo de Horus: (Djed-Eye) ¿Te suena familiar?
- El árbol del mundo: se cree que el hongo es el creador del mundo, en muchas culturas.
- Comida Celestial: La comida de los dioses en el "Libro de los muertos" egipcio.
- Aten: El disco alado egipcio.
- Matamoscas: aunque comúnmente se piensa en "volar" en asociación con la "mosca doméstica", también hay evidencia de que se refiere al acto de "volar", como al tomar un vuelo espiritual.

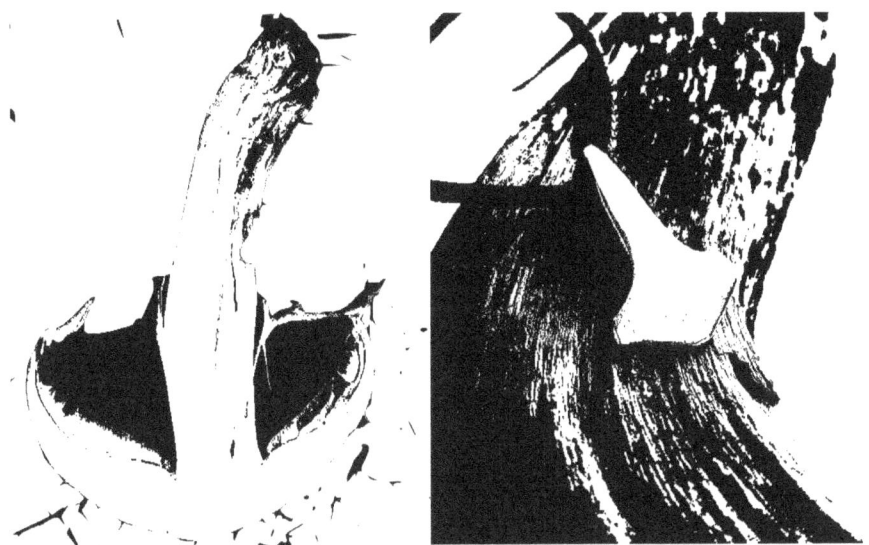

El término egipcio; "*El Dios de los mil nombres*" comienza a tener sentido a medida que esta investigación comienza a abarcar muchas otras tradiciones, mitologías y religiones.

Esta característica se utilizó mucho en la mitología. Extendida a proporciones gigantescas, esta figura se refleja en imágenes tales como hombres enormes como Atlas que sostiene el dosel del cielo o montañas como el Olimpo que cumplen la doble función de sostener el cielo y proporcionar un vínculo de conexión entre los dioses y la tierra. Sobre todo, el hongo provocó imágenes y terminología sexual. La forma de su rápido crecimiento desde la vulva, o "*útero*", la rápida erección de su tallo y su cabeza tipo glande, todos nombres de falos estimulados. Entonces, ahora podemos reconocer, que es el nombre semítico más común para el hongo-**phutr** (árabe), **pitra** (arameo) -representado en el mito del Nuevo Testamento como "*Pedro*", un discípulo inventado del Jesús inexistente.

El descifrar los nombres de plantas y drogas no solo nos permite compartir las imágenes que sus formas provocaron en las mentes de los primitivos botánicos, sino también aprender del poder que supuestamente debían ejercer. Esto es particularmente importante con respecto a la mandrágora, un antiguo nombre para la Planta Santa. Fue con la mandrágora que Lea negoció con Raquel para tener una noche de felicidad conyugal con Jacobo (Génesis 30.14-16). Aparece con frecuencia en folclore como la planta mágica principal y el afrodisiaco. Puedo demostrar que el nombre griego, Mandrágoras, proviene de una frase sumeria que significa "*La planta del destino del campo*" y está relacionado filológicamente con el "*Néctar*" clásico, el alimento de los dioses. Ambos, de hecho, representados por esta seta divina.

POR ÚLTIMO, podemos entender algunas de las leyendas sobre esta planta mágica. Podemos ver por qué se pensó que se parecía a partes del cuerpo humano; por qué gritaba cuando se sacaba del suelo. Los cristianos creían que ellos eran los verdaderos herederos espirituales del antiguo Israel. Así que fue un dispositivo obvio para transmitir a las células dispersas del culto de sus doctrinas más sagradas y nombres y expresiones de encantamiento ocultos dentro de una historia de un "*segundo Moisés*", otro Legislador, llamado así por el sucesor del patriarca en el cargo Joshua (Griego **Iesus**, "*Jesús*").

MOSAICO ROMANO DEL MUSEO VATICANO.

Así nació el mito evangélico del Nuevo Testamento. Hasta dónde logró engañar a las autoridades, judías y romanas, es dudoso. Ahora puedo demostrar que una o dos de las escasas referencias a Jesús que los censores eclesiásticos han permitido que aparezcan en las tradiciones escritas judías demuestran sin lugar a dudas que, al menos al principio, los judíos sabían muy bien lo que era el "Jesús" que el Los cristianos adoraron. Las referencias también muestran claramente que los judíos despreciaban todo este asunto tanto como los romanos.

CALDERO DE SETAS MOSAICO Aquileia (Italia)

Los romanos no pudieron encontrar insultos o palabras peyorativas como para describir a los cristianos a los que expulsaron de sus reuniones secretas y torturaron hasta la muerte. ¡Y los romanos eran famosos por su tolerancia religiosa! Los más engañados parecen haber sido la secta que tomó el nombre de "*cristianos*" ("*manchada de semen*"), y formó la base de la iglesia moderna. Pero para entonces el ingrediente principal de su comida sagrada se había perdido -o suprimido- y sus sacerdotes ofrecieron a los iniciados en su lugar una hostia de pan y vino dulce, asegurándoles que antes de que la Hostia tocaría sus labios, se habría transformado en carne y el cuerpo de Dios.

Lo más importante entre los dispositivos literarios utilizados para codificar nombres secretos del hongo sagrado era el juego de palabras. Hay muchos ejemplos de esto en el Antiguo Testamento, y fue comúnmente utilizado por los maestros judíos para descubrir supuestos significados ocultos en los textos de la Biblia. Aquí hay ejemplos de juegos de palabras con setas en el pasaje de un escritor del Nuevo Testamento sobre la sabiduría y locura de la enseñanza cristiana.

Los esenios insertaron ingeniosamente las siguientes frases que servirán de propósito al Nuevo Y Antiguo Testamento en siglos posteriores: "*Porque los judíos demandan señales y los griegos buscan sabiduría, pero nosotros predicamos a Cristo crucificado, un tropiezo para los judíos y una locura para los gentiles. . .* "(I Corintios 1.23). La palabra "*piedra de tropiezo*" (**skandalon** griego, nuestro "*escándalo*") se usa apropiadamente como una "*trampa*" o "*truco*". Denota una vara o perno nudoso sobre el cual se coloca el cebo, y que, si funciona para la presa, funciona la trampa en sí. Así que metafóricamente se usa para cualquier impedimento que obstaculiza o atrapa a una persona inconsciente. La palabra griega skandalon, que ahora podemos apreciar, originalmente significaba "*perno*". Su equivalente arameo era tiqla, y el hongo fálico a veces se llamaba "*perno-planta*" porque la forma de la llave o perno primitivo era, en esencia, una vara corta coronada por una perilla.

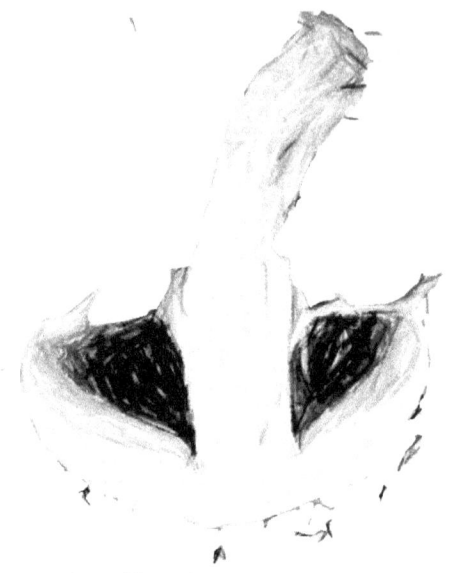

Así que podemos descifrar la primera parte: Para los judíos (es decir, en el idioma judío), el "*Cristo crucificado*" (el hongo fálico erecto y semen-ungido) es una "planta de cerrojo" (tiqla - hongo, "*tropezar*" "*bloquear*"). La segunda parte confirma claramente la primera: "y locura a los gentiles" (es decir, griegos). El trabajo griego para "*locura*" es moria, ¡y Morios era una palabra griega para el hongo! Ahora el juego de palabras está claro. El juego de palabras "tropiezo" (tiqla, "rayo achampiñonado") aparece con bastante frecuencia. Lo sabemos mejor en el texto de Mateo 16 sobre Pedro y las "llaves" del cielo." En ella, Pedro -la seta- recibe la "*llave*" o "*rayo*" del paraíso (v. 19), y se le llama "*piedra del tropiezo*" (v. 23).

Petroglifos Roca Río Pegtymel Siberia Oriental.

La otra parte de ese texto acerca de que Pedro es la base "de la roca" de la Iglesia-en la cual los católicos romanos ponen tanto énfasis-es un doble juego de palabras. No solo existe el juego de palabras ampliamente reconocido sobre Pedro-Petros en griego y petra (roca-piedra) y pitra (seta), sino que también hay un juego de palabras con la palabra latina cepa, una de las palabras de "cebolla" que se usaron en la seta bulbosa formada de forma similar. (Los franceses todavía llaman ciertos hongos "*cepe*" o "*cepas*", en latín). Incluso llamar a "*satanás*" ("*Vente detrás de mí...*" v. 23) está en línea con el juego de palabras de cepa, ya que Setanion es otro nombre latino que también significa cebolla o seta. Una de nuestras verduras más comunes es la achicoria, una variante de cuyo nombre en griego es **Korkoron**.

Esto último también ocurre con el nombre de hongo, y la descripción de Plinio del "*chicor*" muestra que cualquiera que sea la planta que describe no es la raíz culinaria que conocemos también: "*Aquellos que se han untado con el jugo de la planta entera, mezclado con aceite, se hacen más populares y obtienen sus deseos más fácilmente ... tan grandes son sus propiedades saludables que algunos lo llaman Chreston ...* " (Véase la similitud con Cristo)

Aquí ha tenido lugar una antigua confusión a través de la similitud en las palabras nos replicaba el profesor Allegro. El jugo debía ser "*frotado*" o "*ungido*" (christos=uncir en griego), y sus propiedades eran tan beneficiosas que se llamaba Chreston (khrestos en griego, "*bueno honesto, dador de salud*", etc.). Uno se acuerda de la forma del nombre por el cual los no cristianos hablaban del objeto de la adoración de la secta: Chrestus. Suetonio habla del emperador Claudio que tuvo que expulsar a los judíos de Roma porque estaban perturbando "*por instigación de Chrestus*". Lo que Plinio está describiendo es el hongo "*Jesucristo*" cuyo consumo trajo a los cristianos del primer siglo la difamación y desprecio de los historiadores romanos.

CAPITULO IV
LAS BRUJAS FLIPADAS VOLADORAS

«Corros de brujas»

Las setas crecen en perímetro formando círculos de diversos tamaños. Antiguamente existía la creencia de que las setas crecían al calor de los corros de brujas: se decía que las setas eran los asientos donde las brujas descansaban tras sus frenéticos bailes durante los aquelarres. Hoy sabemos que la explicación es otra, que un micelio se expande en círculo y produce setas justamente en su perímetro cuando entra en contacto con otros micelios.

Arriba y abajo representación de espíritus de Kimberly, Australia. Las hadas aparecen en el folclore de todo el mundo como seres metafísicos que, dadas las condiciones adecuadas, pueden interactuar con el mundo físico. Y esto se debe a la ingestión de la amanita muscaria por antiguos chamanes y otros hongos que solían inducirlos a un trance telepático y darle la capacidad de interactuar y ver los espíritus de flores, plantas y hongos, en este caso, las hadas.

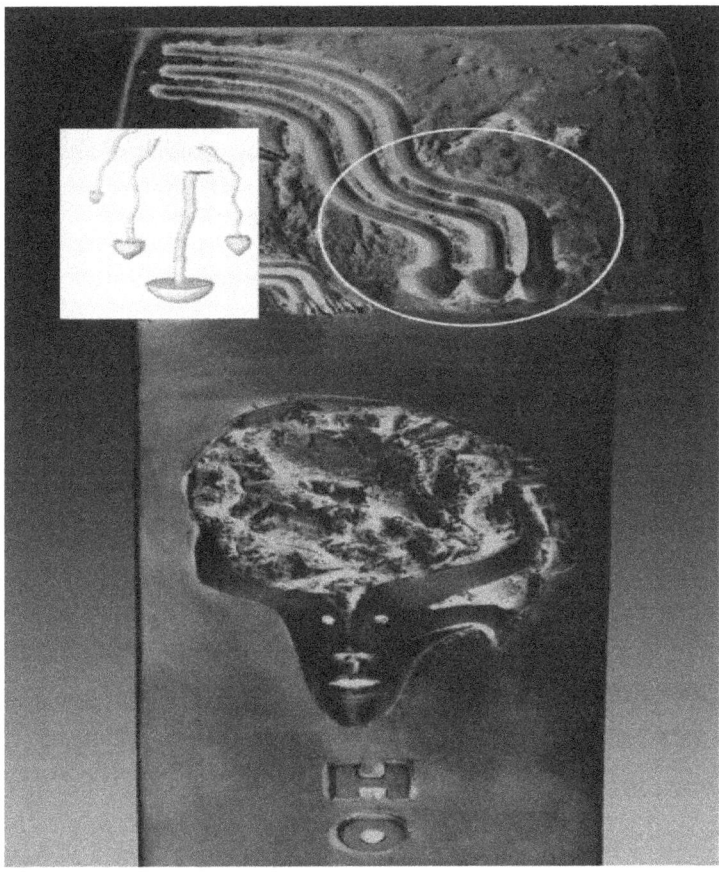

Göbekli Tepe, es un antiguo santuario que se levanta en el punto más alto de una extensa cadena montañosa situada a unos 15 km al nordeste de la ciudad de Sanliurfa (antigua Urfa/Edessa), en el sudeste de Turquía, cerca de la frontera con Siria. Columna ritualistica de un total de 200 y de más de 20.000 mil años de antiguedad, claramente se ve una forma espermatozoide, parecida a 3 hongos del tipo alucinógeno que yo supongo que las pre-históricas brujas de este complejo lo usaban para rituales de comunicación con espiritus de animales y seres extradimensionales como el que aparece en la parte inferior de este centriolo columnar.

SECRETOS DEL SANTO GRIAL

LA ADORACIÓN DE LA SETA A TRAVES DE ORGÍAS CONVIRTIÓ A ESTAS MUJERES EN BRUJAS. Esta era una sorprendente teoría de que el cristianismo fue al principio una religión basada en el culto a las drogas sexuales- como sería el viagra de hoy en día. En su tiempo, John Allegro apuntó a esta teoría que hoy en día esta cobrando forma.

Una leyenda mucho más pavorosa es la de los corros de brujas –los fairy rings anglosajones–, anillos de setas que pueden alcanzar varios metros de diámetro y que aparecen en bosques y prados, en cuyo interior la hierba bien puede estar quemada, o bien puede ser más frondosa y oscura, y que señalaban el lugar donde las brujas habían celebrado un aquelarre nocturno. Pero estos corros tienen poco de sobrenatural: la forma de anillo se debe al crecimiento radial y uniforme de un hongo cuyas hifas terminales fructifican, de modo que amplían cada temporada el tamaño del círculo. El aspecto de la hierba en su interior depende de si el micelio, al crecer, agota todos los nutrientes, con lo que la hierba estará condenada a quemarse –aunque no en la misma hoguera que las brujas–, o por el contrario, los moviliza y facilita su asimilación por parte de sus vecinos. Otras setas que han tenido fama de "mágicas" han sido las especies bio-luminiscentes, que refulgían en mitad de la noche gracias a su capacidad de producir luz química, con la que atraen a animales nocturnos que, o bien tras examinarlas continúan su ronda con el cuerpo engalanado de esporas, o bien se alimentan de ellas, con lo que la dispersión es vía fecal.

Las setas siempre han estado envueltas en un halo sobrenatural que surge de los asombrosos poderes que se les han atribuido al ingerirlas: venenos, cura para los más variados males y vehículo para contactar con los dioses. Unos atributos con claras connotaciones químicas. Hoy se sabe que las setas son una valiosa fuente de moléculas con novedosas propiedades y estructuras, y de gran aplicación. Las hay que incorporan un amplio abanico de toxinas: purgantes e irritantes; que producen gastroenteritis, o sustancias hemolíticas que destruyen los glóbulos rojos, y entre las que destaca el ácido helvéllico, presente en muchas especies –incluidas algunas consideradas comestibles, y que, por fortuna, se degrada al cocinarlas–. Y también toxinas letales, aun ingeridas en cantidades insignificantes. Las más infames, al menos por el número de muertes que han causado, son las presentes en las setas del género Amanita: las amatoxinas o amanitinas.

Por increíble que parezca, estas sustancias, una vez aisladas, conocidos sus efectos en los organismos, y aplicadas en las dosis adecuadas, tienen también su lado positivo. Incluso la alfa-amanitina (la amanitina más conocida), que aplicada en concentraciones bajísimas ha mostrado resultados alentadores frente a determinados cánceres de piel en ensayos clínicos.

Así de rápido es el paso de toxina a fármaco a escala molecular. Lo que nos lleva al terreno del empleo de las setas, y de las sustancias que contienen, con fines terapéuticos. Un terreno más que trillado por el hombre, como atestiguan los numerosos remedios con las setas como principal ingrediente presentes en las medicinas tradicionales de todas las culturas, entre las que merecen una mención especial las farmacopeas orientales.

No obstante, no fue hasta hace apenas unas décadas cuando la ciencia *"moderna-occidental"* constató que sus propiedades farmacológicas no eran cuentos de hadas. Desde entonces, se han aislado y estudiado un buen número de compuestos que confirman muchos de los usos tradicionales y permiten desarrollar nuevas aplicaciones.

La más sorprendente e importante, la capacidad que demuestran numerosos compuestos de naturaleza polisacárida como estimuladores del sistema inmunitario, que los hace objeto de exhaustivos estudios como potenciales agentes frente a enfermedades de inmunodeficiencia y como ayudantes durante la quimioterapia y radioterapia, donde ensayos clínicos con pacientes han puesto de manifiesto una reducción de los efectos secundarios. Se cree que esta capacidad inmuno-estimuladora es asimismo la responsable de la importante actividad antitumoral y anticancerígena que muestran muchos de estos polisacáridos.

La capacidad de inmuno-modulación de estos compuestos también puede presentarse en sentido inverso; es decir, cómo depresores del sistema inmunológico, lo que resulta interesante para el tratamiento de alergias y en los trasplantes de órganos.

Además, principios activos extraídos de las setas también han mostrado propiedades como antibióticos, antioxidantes, antihipertensivos, agentes cardiovasculares, reguladores del colesterol, antiinflamatorios, antidiabéticos y hepato-protectores. Aunque, de momento, sólo unos pocos de estos compuestos son aplicados ya como fármacos. Mucho más popularizado y extendido en Occidente está el empleo de algunas setas y de los compuestos que de ellas se obtienen como drogas alucinógenas y psicomiméticas. ¿Por qué la setas producen este tipo de sustancias? Se barajan dos hipótesis contrapuestas. Una de ellas señala que se trata única y exclusivamente de productos de desecho del metabolismo del hongo. La segunda, mucho más sugerente, implica que las setas producen y acumulan este tipo de sustancias para, de nuevo, garantizar el transporte animal para sus esporas. Con ellas, primero, cautivan y, después, "*fidelizan*" a sus consumidores a base de convertirlos en setadictos.

Las especies psicoactivas más célebres son como reflejamos en este libro, la Amanita muscaria, la familiar seta roja con puntos blancos, y las setas del género psilocibina. A la primera están "*enganchados*", entre otros, ardillas, renos y, por supuesto, humanos, particularmente en Europa y el sureste de Asia, desde tiempos inmemoriales.

Sus dos constituyentes psicoactivos principales son el muscimol y el ácido iboténico. Las segundas, conocidas por los habitantes del Nuevo Mundo como teonanacatl, o *"alimento de los dioses"*, eran consideradas sagradas: se las veneraba como tal y, al menos oficialmente, sólo eran consumidas con fines religiosos por chamanes, brujos y demás iniciados. Poseen DMT, psilocibina y psilocina, sustancias que inducen coloristas alucinaciones, perturbaciones de la conciencia de tipo onírico y revelaciones que parecen verdades absolutas, amén de producir una descontrolada hilaridad. No es de extrañar que se riesen de los misioneros españoles.

Como hemos aprendido hasta ahora a través de nuestros estudios de las antiguas escrituras sumerias que se remontan al 3.500 aC, originalmente se pensó que Dios era un falo gigante en el cielo. Su fértil lluvia de semillas cayó al útero llamado tierra, causando que *"diera a luz"* a los cultivos y la vegetación. Y también sabemos que esto le permite a un sacerdocio especial: hombres que podrían actuar como intermediarios con el falo celestial. Lo lograron mediante el uso de la *"Planta Santa"*, una planta cuyos jugos eran una poderosa droga alucinatoria que, de hecho, podría transportar a sus usuarios a otro mundo. Esta planta era el hongo conocido como Amanita muscaria. Y de mis investigaciones como filólogo, un estudiante de idiomas y palabras, ahora sé que cuando llegó el momento de escribir los secretos del culto de los hongos para preservarlos intactos en un mundo hostil, se hizo en una especie de código.

Dentro de la historia de un rabino llamado Jesús se tejieron nombres y conjuros utilizados en la recolección y consumo del hongo sagrado. Siguiendo las conclusiones del catedrático Allegro, la Iglesia hizo de la base de su teología una leyenda que gira en torno a un hombre, Jesucristo, crucificado y resucitado, que en realidad nunca existió. En el sentido de que la historia de Jesucristo y sus amigos tenía la intención de engañar a los enemigos de la secta, judíos y romanos, era una farsa, la más grande de la historia.

Desafortunadamente falló. Los judíos y los romanos no se la tragaron; pero los sucesores inmediatos de estos primeros "*cristianos*" (los consumidores del "*Christus*", el hongo sagrado) si, se lo tragaron. Era una concentración del poderoso jugo de la "*Planta Santa*" que los Magos -los magos o sabios (los grandes jerarcas del mundo antiguo) - creían que le otorgaría a cualquier persona ungida un poder asombroso.

Podrían "obtener todos los deseos, eliminar fiebres y curar todas las enfermedades sin excepción." Así que el cristiano, el "ungido o elegido", recibió "conocimiento de todas las cosas" por su "unción o iluminación del Espíritu Santo" (I Juan 2.20). A partir de entonces no tuvo necesidad de ningún otro maestro y permaneció para siempre, más dotado de todo conocimiento. Cualesquiera que hayan sido los ingredientes completos de la unción cristiana, ciertamente habrían incluido las gomas aromáticas y las especias del tradicional aceite de unción israelita: mirra, caña aromática, canela y casia. Es bien sabido que estos ingredientes formaron solo parte de la fórmula sagrada.

Josefo, el historiador judío de la época romana, dice que había trece elementos, y el Talmud nombra once, más la sal y una hierba secreta que se añadió para hacer que el humo se elevase en una columna vertical antes de extenderse hacia afuera en la parte superior.

Con la forma característica de una seta en mente, ahora podemos arriesgarnos a adivinar el ingrediente secreto. El conocimiento y la curación fueron dos aspectos de la misma fuerza de vida. Ser frotado con la Planta Santa era recibir conocimiento divino. También curaba enfermedades. Josefo sugiere que cualquiera en la comunidad cristiana que estaba enfermo debería llamar a los ancianos para ungirlo con aceite en el nombre de Jesucristo (de la Epístola de Santiago 5.14), en otras palabras, con el jugo del hongo sagrado.

El uso del nombre "*Jesús*" como una invocación para la curación fue lo suficientemente apropiado. Su origen hebreo que conocemos como "*Josué*" proviene de una frase sumeria que significa "*semen que salva*" o "*restaura*". El dios de la fertilidad de los griegos, Dionisio (también conocido como Baco, el bien de las mujeres salvajes conocidas como Bacantes), cuyo símbolo era el pene erecto, tiene prácticamente el mismo nombre que Josué (o Jesús), como ahora podemos reconocer a partir de su fuente sumeria mutua. Sus ritos orgiásticos se derivaron de la misma droga enloquecedora de la Amanita Muscaria.

Los 12 Apóstoles son enviados entre sus prójimos expulsando a demonios y untando a los enfermos con aceite (Marcos 6.13). La curación por la unción persistió en la Iglesia hasta el siglo XII, y la unción de la agonía - "*extremaunción*" - persistió en la Iglesia Católica Romana.

El principio detrás de esta práctica sigue siendo el mismo: la *"semilla de la vida"* de Dios que imparte la vida a los enfermos o muertos. Las cosas, así como las personas, podrían ser ungidas para que se convirtieran en "santas", que están separadas al servicio de Dios. La palabra semita para "santo" es fundamentalmente una palabra de fertilidad. La unción en la santidad de los reyes y sacerdotes es nuevamente de carácter principalmente imitativo.

El deber principal del rey era asegurar la fertilidad de la tierra y el bienestar de sus súbditos. Muchas de las palabras griegas y semíticas para "*señor*" y "*señorío*" transmiten esta idea cuando se ven en su forma sumeria. La función del sacerdote era también ver que dios desempeñaba su papel en la inseminación de la tierra.

La palabra hebrea más común para "*sacerdote*" -**cohen**-era familiar como apellido judío conocido, proviene de un título sumerio que significa literalmente, *"guardián del semen"*. Verter los jugos sagrados sobre las cabezas de estos dignatarios tenía la intención de representarlos como "*Dioses*" o deidades-réplicas del divino falo. Entonces uncimos a nuestro Soberano en la ceremonia de coronación.

'Peineta'

Levantar el **dedo corazón** con la mano cerrada intenta reproducir **un pene erigiéndose desde el escroto**.

En nuestras iglesias, la procesión ritual a través de la nave hasta el altar, encabezada por el símbolo de fertilidad de la cruz y el Obispo ungido, conserva la antigua idea del dios de la fertilidad que entra en su casa.

En el hongo fálico, el *"hijo varón"* nacido del útero *"virgen"*, tenemos la realidad detrás de la figura de Cristo de la historia del Nuevo Testamento. Al imitar el hongo al comerlo y chupar su jugo (o *"sangre"*), el cristiano se estaba llevando la panoplia de su dios, como lo estaban los sacerdotes en el santuario. Como los sacerdotes *"sirvieron"* al dios en el templo -el útero simbólico de la creación divina-, los cristianos y sus asociados de culto adoraron a su dios y se involucraron místicamente en el proceso creativo.

En el lenguaje de los cultos de misterio que buscaban para *"nacer de nuevo",* cuando -purificados nuevamente del pecado pasado- podían atrapar al dios en éxtasis inducido por las drogas.

Más Brujas, Magos y Magia

Las mujeres tenían su papel de lo que se denominó brujas posteriormente en el antiguo culto. Había prostitutas sagradas, un oficio bien conocido en el mundo antiguo. Por lo general, se supone que la mujer se dedicó al servicio del dios como pareja sexual en un ritual de imitación diseñado para estimular las facultades generadoras de la deidad de la fertilidad. Sin duda, en muchos de los cultos ella realizó esa función, copulando antes del alter con los sacerdotes u otros adoradores masculinos en ciertos festivales.

También hay indicios de que se consideró necesario hacer una especie de puesto o cubierta para la prostituta y la planta mágica durante la seducción. Oseas especifica que las prostitutas sagradas practicaron su arte bajo los árboles, donde "*la sombra es buena*" (4.13). Ezequiel habla de algún tipo de velo de cuerpo entero por el cual "*atrapan almas*" (13.18). La Planta Santa no se había desarraigado al amparo de la oscuridad, "*para que el pájaro no viera el acto*" (quizás un nombre popular para Amanita Muscaria con la parte superior roja), *o "el sol y la luna"*.

El poder sexual de las mujeres era vital para los cultos místericos y explica en gran medida el atractivo de los recortes a las mujeres desde los tiempos más remotos. También tiene mucho que ver con el antagonismo hacia la sexualidad en general y la desconfianza hacia las mujeres que exhibe la Iglesia, y la disposición con que las supuestas brujas fueron perseguidas por los cristianos hasta tiempos muy recientes.

SECRETOS DEL SANTO GRIAL

Adán & Eva relieve del 1291 AD, Abadía de Plaincourault, Indre, Francia. El Árbol de la sabiduría estilizado como una Amanita muscaria

El control telepático sobre las mentes de las personas ejercidas por tales hembras, conocidas en todo el mundo como *"el mal de ojo"*, provino originalmente de esta habilidad para despertar las pasiones de los hombres. El latín **fascinus**, del que proviene nuestra *"fascinación"*, así como también significa *"hechizar"*, era también el nombre propio de una deidad con un emblema fálico, y esto, como ahora podemos apreciar, es la fuente original de esta palabra y el Griego **baskanos**, *"hechicero"*. Se creía que las influencias malignas de *"fascinación"*, que llegaron a extenderse a cualquier forma de dominación mental, podían evitarse usando en la persona un modelo de símbolo fálico, más bien como el símbolo cristiano de la Cruz que se muestra actualmente por aquellos dentro y fuera de la Iglesia hacia el mal.

SECRETOS DEL SANTO GRIAL

Una conexión similar entre la influencia sexual y la brujería aparece en la derivación de nuestra palabra "*magia*". Su fuente inmediata es el mago latino, que representa el antiguo mago persa, el título de un funcionario religioso cuyo poder mental y corporal le valió una reputación de el nombre de hechicería y calzado significaba originalmente *"pene grande"*. Ezequiel, al describir el ritual nigromántico (adivinación de los muertos) de las brujas, dice que se ataron en sus muñecas "*bandas mágicas"*, como nuestras versiones en inglés traducen al hebreo (13.18) . Como podemos apreciar ahora, el original sumerio significa "*encarcelamiento mágico*", y se representa en escenas de ritos misteriosos del culto dionisíaco como una cesta de la cual surge una cabeza de serpiente. El simbolismo aquí representa la vulva enmarañada que se abre para revelar el hongo emergente, identificado antiguamente con la serpiente.

Aquí está el origen de la práctica mágica de la serpiente encantadora, así como de mitologías como Moisés ("*serpiente emergente*", como su nombre significa) en su canasta en las corridas de toros (Éxodo 2-3). La serpiente es una característica importante de las imágenes dionisíacas (báquicas) y de los ritos de culto. Las ménades se representan con serpientes entrelazadas en el pelo y alrededor de sus extremidades. En el caso de las brujas de Ezequiel, sus "*jaulas*" atrapadoras dc almas fueron llevadas en parte para ofrecer un estímulo imitativo al hongo adormecido para que se abriera y se revelará.

No es difícil entender el razonamiento detrás de la antigua identificación del hongo y la serpiente. Ambos surgieron de agujeros en el suelo, pudieron erigirse, y ambos tenían en la cabeza un veneno ardiente que los antiguos creían que podía pasar de uno a otro. El mejor ejemplo de la relación entre la serpiente y el hongo es, por supuesto, en la historia del Antiguo Testamento en el Jardín del Edén. El astuto reptil prevalece sobre Eva y su esposo para comer del árbol cuyo fruto "los hizo dioses, sabiendo el bien y el mal" (Gen 3.4).

Toda la historia del Edén es mitología basada en hongos, y no menos en la identidad del "*árbol*" como el hongo sagrado. Incluso en el siglo XIII, entre los cristianos, se conocía algún recuerdo de la antigua tradición, a juzgar por un fresco pintado en la pared de una iglesia en ruinas en Plaincourault, en Francia. Allí, la Amanita Muscaria está gloriosamente retratada entrelazada con una serpiente, mientras que Eva se queda parada, con las manos sobre su vientre. Como vimos, las mujeres desempeñaban un papel importante en el culto de las setas. Otra de sus actividades radica en ese curioso fenómeno: el lamento religioso.

Esta identificación graciosa del adorador con un dios sufriente parece ser una parte necesaria de la mayoría de las religiones. Ver a las mujeres católicas, particularmente en los países mediterráneos, atormentadas por la pena real en Semana Santa mientras contemplan el Crucifijo y las heridas de su Señor, puede dejar pocas dudas de que están sufriendo una verdadera angustia mental.

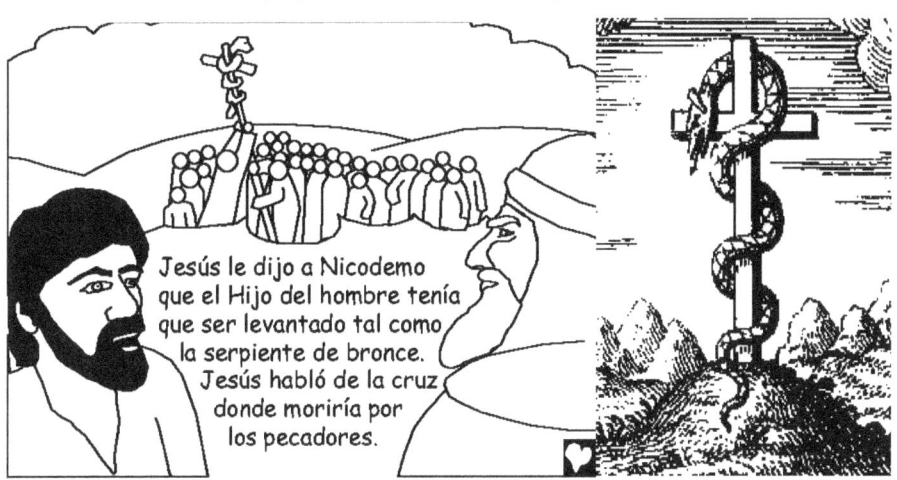

Aparentemente hay en los seres humanos, y en las mujeres en particular, una capacidad para el dolor compasivo -que exige una expresión dramática- históricamente improbables que son los eventos trágicos y las personas que representan en su imaginación.

La lamentación ritual tiene un significado sexual como ahora se puede demostrar por su terminología. Cualquiera que sea la satisfacción emocional interna que pueda haber alcanzado la práctica de lamentar al dios muerto, su intención básica era devolverlo a la vida. En el caso de las comunidades agrícolas, el dios muerto es una personificación de la fertilidad del suelo que se considera que ha perecido durante los calurosos meses de verano, pero que puede revivificarse bajo la influencia del otoño y las lluvias de primavera -la fertilización del padre- Dios en el cielo. Por lo tanto, las ceremonias de lamentación tenían la intención de rejuvenecer el falo latente de la deidad de la fertilidad.

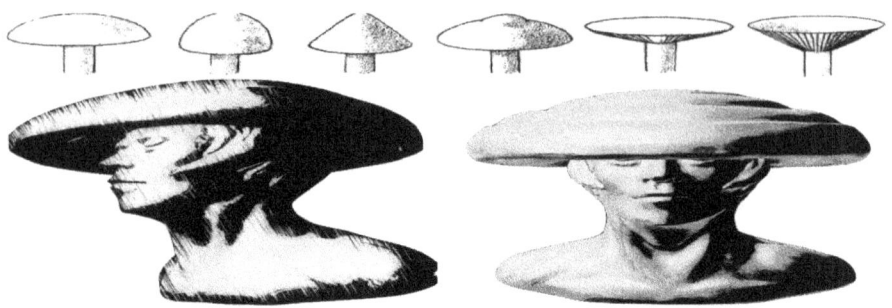

La palabra común en el Antiguo Testamento hebreo para "lamentación" ahora reconocemos que proviene de un término sumerio que significa "erguirse". Se relaciona con otras palabras en hebreo y griego para un instrumento musical, kinnor y kinura ("erector de pene"), respectivamente. Este es el "Arpa" de la ramera de Isaías 23.16, la "Lira" de David, cuyo juego revivió los ataques maníacos de Saúl (I Samuel 16.16, etc.)

Las sacerdotisas cuya tarea era hacer lamentación ritual por el dios muerto -o el hongo durmiente- chillando y gimiendo tenían su contrapartida clásica en las devotas femeninas del dios Baco / Dionisio: las llamadas Bacantes femeninas, *"criadoras del seta fálica,"* como ahora entendemos el término. Fueron notados por su frenesí inducido por las drogas, en un momento dando vueltas en un baile loco, sacudiendo sus cabezas, y conduciéndose uno al otro con gritos y clamor salvaje de instrumentos musicales. En otro, fueron hundidos en el letargo más profundo. Los Bacante/s, ambos poseyeron al dios y fueron poseído/as por él; lo suyo era un *"entusiasmo"* religioso en el sentido propio de ese término, es decir, *"lleno de Dios"* (**abracadabra**.) abajo cohen o rabino hebreo con gorro de hongo.

SECRETOS DEL SANTO GRIAL 130

Coronas frigias de los romanov y reyes sovieticos se parecen sospechosamente a los gorros hebreos y tienen ciertos paralelismos con los champiñones y hongos.

CAPITULO V
LA CUNA DEL MAL : LA CIVILIZACIÓN

«CREADAS POR LA NECESIDAD ECONÓMICA DE CENTRALIZAR EL CONTROL DE LAS TRANSACCIONES DE PROPIEDADES, Y APOYADAS EN LA RELIGIÓN Y LA DOMINACIÓN POLÍTICA, LAS CIUDADES PERMANECEN COMO MONUMENTOS DESTRUCTORES DE LA VIDA, DE ACUERDO A LAS MISMAS EXIGENCIAS DEL CAPITAL»
—JOHN ZERZAN

Teólogos, de mesías, de autoridad; de jueces; de santos. Aunque habría que reconocer que también tienen su merito, porque mantener alienada y embrutecida a tanta gente y durante tanto tiempo para aprovecharse de ello, no ha sido tarea fácil. Desde que comenzó la "historia", la tinta, la mentira y la escritura han corrido parejas con la sangre. La mejor manera de imponer lo absurdo es mediante la seducción y la crueldad extrema.

Oannes o Uanna, era un ser mitológico, probablemente un **Apkallu** o un Annedoti *"espíritus creados por Enki"*- dice la leyenda sumeria. Supuestamente un *"semidiós"*, mitad pez mitad humano, de las culturas sumeria, caldea y babilónica. Cuentan que apareció en el golfo Pérsico; hablaba con los hombres y les enseñó buenos modales, letras, matemáticas, arquitectura, agricultura, jurisprudencia, geometría. En resumen, todo lo que significa la *"civilización"*. En la antigua Mesopotamia, el término Apkallu se usaba para referirse a un grupo de siete seres mitológicos poseedores de un conocimiento extraordinario. Los textos describen la videncia, la magia y las ciencias de la medicina como atributos de los siete Apkallu, quienes comenzaron a ser asociados con la fundación de las siete ciudades sumerias más antiguas: Eridu, Ur, Nippur, Kullab, Kish, Lagash y Suruppak.

En los tiempos del imperio neo asirio (siglo X a. E.C.), éste concepto de Apkallu pasó a los arameos y tribus arábigas como Aphkala o personalidad prominente del culto religioso. También entre las poblaciones nabateas y de Palmira, se tuvo como sinónimo de *"sacerdote"* o *"poseedor de la sabiduría"*. Como vemos, los atributos de los Apkallu o Sacerdotes, son los mismos que han tenido los Chamanes de todos los pueblos de la Tierra desde siempre. De allí la persecución inclemente que han desatado los usurpadores en su contra.

Y es curioso que el número 7 es recurrente en muchas tradiciones esotéricas. 7 son los planetas principales. Mayor con los 7 orificios del cuerpo y los siete vasos del corazón. El número 7 hace alusión, entre otras cosas, a los *"siete principios o leyes de la naturaleza"* consignados en el libro *"El Kybalión"*, que serán la base de la filosofía hermética: 1. Mentalismo: El todo es mente; el Universo es mental. 2. Correspondencia: Como es arriba, es abajo; como es abajo, es arriba. 3. Vibración : Nada está inmóvil; todo se mueve; todo vibra. 4. Polaridad: Todo es doble, todo tiene dos polos; todo, su par de opuestos: los semejantes y los antagónicos son lo mismo; los opuestos son idénticos en naturaleza, pero diferentes en grado; los extremos se tocan; todas las verdades son medias verdades, todas las paradojas pueden reconciliarse.

5. Ritmo: Todo fluye y refluye; todo tiene sus períodos de avance y retroceso, todo asciende y desciende; todo se mueve como un péndulo; la medida de su movimiento hacia la derecha, es la misma que la de su movimiento hacia la izquierda; el ritmo es la compensación. 6. Causa y efecto:
Toda causa tiene su efecto; todo efecto tiene su causa; todo sucede de acuerdo a la ley; la suerte o azar no es más que el nombre que se le da a la ley no reconocida; hay muchos planos de causalidad, pero nada escapa a la ley.

7. Generación: La generación existe por doquier; todo tiene su principio masculino y femenino; la generación se manifiesta en todos los planos. En el plano físico es la sexualidad.

El sacerdocio en sus orígenes, no fue una evolución del chamanismo, sino una degeneración, en la que grupos de individuos poseedores de una sabiduría ancestral, pero envenenados de egoísmo, traicionaron su esencia, abusaron de su saber y decidieron monopolizar y ocultar sus conocimientos en su propio beneficio para acumular riqueza y poder, dando lugar a la aparición de las primeras hermandades esotéricas, sociedades secretas y cultos mistéricos.

Posteriormente serán estas mismas "castas" y "élites" corruptas -verdaderas mafias-, las creadoras de las teocracias, de las religiones monoteístas dogmáticas, y autoras de sus *"libros sagrados"* y *"leyes"*. Su juego siempre ha sido aparentar y decir exactamente lo contrario de lo que en realidad son y hacen. Es tanto lo que han pervertido, que han pasado de sabias a impostoras, como un acto de magia cínico y caricaturesco. No es de extrañar que estas organizaciones tengan una inclinación especial por las *"instituciones y actos de caridad"* y que entre sus miembros se encuentren grandes *"filántropos",* con lo cual, además de distorsionar su imagen y seguir engañando a la comunidad de la cual se aprovechan, puede que les sirva también para aliviar su consciencia.

El Árbol de Navidad de la tradición cristiana es una representación velada del Árbol Sagrado, El Árbol del Universo o El Árbol del Conocimiento de antiguas culturas consideradas paganas por las religiones oficiales.

Grabado en piedra procedente del palacio de Nimrud, Asiria, en donde se ve en una composición simétrica, al rey Ashurnasirpal II (883-859 a. E.C.), oficiando como Supremo Sacerdote, junto al Árbol Sagrado, y flanqueado por dos divinidades protectoras.

La costumbre del pino para el *"Árbol de Navidad"* –y trataremos esto en un capítulo posterior- no es una casualidad; en los bosques de coníferas suelen crecer los hongos amanita muscaria que viven en simbiosis con estos. Los regalos al pie del árbol, hacen alusión a los hongos que nacen junto a sus raíces. Cada uno es una "sorpresa". Las luces que adornan el árbol representan la *"iluminación"* alcanzada mediante el consumo de enteógenos, en este caso los hongos, que han sido considerados sagrados y fuente de conocimiento por todos los antiguos pueblos de la tierra; usados desde hace milenios por los chamanes como medicina. En otras palabras, el pino sirve como un distractor para los profanos, porque el verdadero *"Árbol del Conocimiento"*, es el hongo que esta reservado solo para los iniciados.

El Código de Hammurabi, (1760 a. E.C.), es uno de los conjuntos de leyes más antiguos que se conoce. Fue tallado en un bloque de basalto de unos 2,50 m de altura por 1,90 m de base y colocado en el templo de Sippar. Estas leyes, igual que todos los códigos en la antigüedad, se consideraban de origen "divino". La imagen en lo alto de la estela, representa al dios Shamash entregando las "leyes" al rey Hammurabi. Los sacerdotes eran los que administraban la "justicia". Los 10 mandamientos bíblicos son un resumen de estas primeras leyes.

Restos del Zigurat de Ur, Sumeria (Irak), siglo XXI a. E.C. Desde el inicio de la "civilización", la arquitectura como la religión, han sido un instrumento del poder, un medio para la manipulación de las masas.

Ur
Ur-be
Ur-bano
Ur-banidad
Ur-banismo
Ur-banización
Ur-banista
Ur-gente

ARRIBA TABLILLA SUMERIA CON ALFABETO CUNEIFORME (2600-2500 A. E.C.)
«LA FUNCIÓN PRIMERA DE LA COMUNICACIÓN ESCRITA FUE FAVORECER LA EXPLOTACIÓN Y LA SUMISIÓN. LAS CIUDADES Y LOS IMPERIOS HUBIERAN SIDO IMPOSIBLES SIN ELLA.»
—CLAUDE LEVÍ STRAUSS

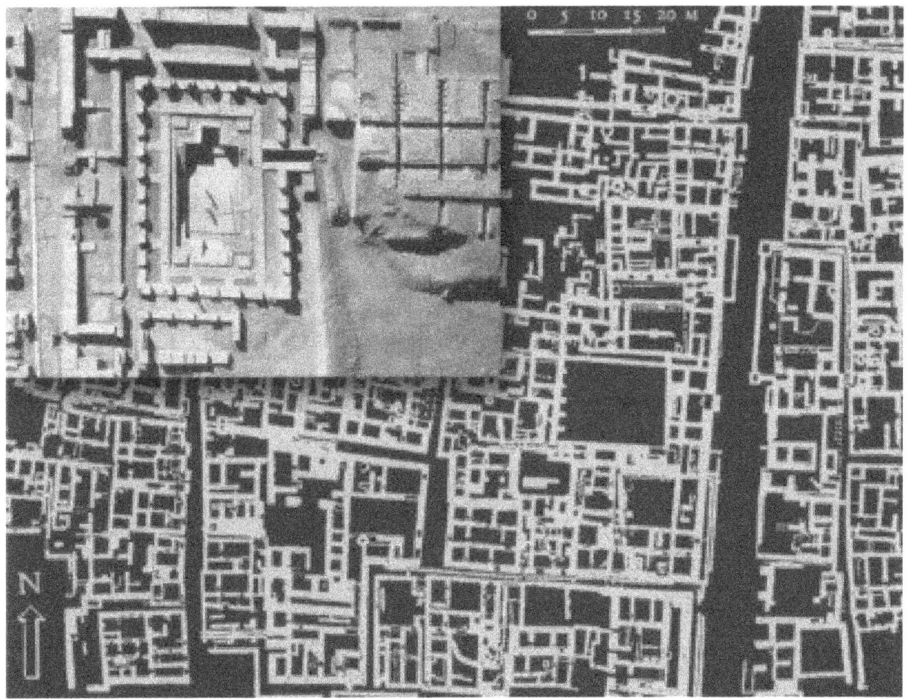

Plano y ruinas de Mohenjo daro, construida en el Valle del Indo (Pakistán), alrededor del año 2600 A.c.

Reconstruccion de 3d del Templo de Atón en la ciudad de Akhenaten o Ajenatón, Tel Amarna, Egipto, 1353 a. E.C. Después de la misteriosa desaparición de Akenatón, su constructor y precursor del monoteísmo, la ciudad fue desmantelada.

«TAMBIÉN EN EGIPTO, DONDE SE DAN HACIA EL AÑO 4000 A. E.C. LAS PRIMERAS CONCENTRACIONES DE LAS QUE TENEMOS NOTICIA, LA MURALLA DE LA CIUDAD O DEL BARRIO RESIDENCIAL CUMPLE DIVERSAS FUNCIONES: ADEMÁS DE REPRESENTAR LA SOBERANÍA DE LOS PODEROSOS, TIENE LA MISIÓN DE PROTEGER CONTRA EL ENEMIGO EXTERIOR Y DE IMPEDIR LA FUGA DE LOS HABITANTES. AL IGUAL QUE EN MESOPOTAMIA, LAS PUERTAS ESTABAN CERRADAS CON CERROJO. LAS MEDIDAS QUE SE TOMABAN ENTONCES PARECEN DAR A ENTENDER QUE LA COLABORACIÓN NECESARIA DE LOS HABITANTES SE ASEGURABA CON LA VIGILANCIA CONSTANTE DE LA POLICÍA. LA OPRESIÓN Y LA EXPLOTACIÓN ENTREGARON EN MANOS DE LA CLASE DIRIGENTE RIQUEZAS INMENSAS»

—JORG C. KIRSCHENMANN

Evolución de la letra A Cabeza de buey con yugo En Egipto, Toro se decía Apis de ahí que la letra A (Alef) signifique toro, Alfa en griego. El Hebreo es un dialecto del antiguo fenicio cananita de los marineros fenicios.

«ALEP, TAL COMO LO ENTIENDO, ES UN BUEY SACRIFICADO CON EL YUGO SOBRE EL CUELLO;......ES DECIR, NUESTRO TRABAJO OBEDIENTE HASTA EL DÍA DE LA MUERTE»
—ROBERT GRAVES EN REY JESUS

The Evolution of the Latin Alphabet

NORTH-SEMITIC			GREEK		ETRUSCAN		LATIN		ROMAN	ANGLO-IRISH	CAROLINE	MODERN	
PHOENICIAN	NAME	PHONETIC VALUE	CLASSICAL	NAME	EARLY	CLASSICAL	MONUMENTAL (CLASSICAL)	UNCIALS	MAJUSCULE	MINUSCULE	ROMAN	ROMAN	
𐤀	ALEPH	'	A	ALPHA	A	A	A	a	A	a	A	a
𐤁	BETN	B	B	BETA	𐌁		B	B	b	B	B	b
𐤂	GIMEL	G	Γ	GAMMA	⋀	>	C	C	c	C	C	c
𐤃	DALETH	D	Δ	DELTA	⊲		D	D	d	D	D	d
𐤄	HE	H	E	EPSILON	⋺	⋺	E	E	e	E	E	e
𐤅	WAW	W		DIGAMMA			F	F	f	F	F	f
								G	g	G	G	g
I	ZAYIN	Z	Z	ZETA	I	⊥	H	h	h	H	H	h
𐤇	HETH	H	H	ETA	B	目						
⊗	TETH	T	Θ	THETA	⊗	⊗						
𐤉	YOD	Y	I	IOTA	l	l	I(J)	I	i	I	I J	i j
𐤊	KAPH	K	K	KAPPA	Χ	Χ	K	K	k	K	K	k
𐤋	LAMED	L	Λ	LAMBDA	𐌋	𐌋	L	L	l	L	L	l
𐤌	MEM	M	M	MU	⋀	⋀	M	M	m	M	M	m
𐤍	NUN	N	N	NU	𐌍	𐌍	N	N	n	N	N	n
𐤎	SAMEKH	S	Ξ	XI	⊞	⊞						
O	AYIN	'	O	OMICRON	O	O	O	O	o	O	O	o
𐤐	PE	P	Π	PI	𐌐	𐌐	P	P	p	P	P	p
𐤑	SADE	S'			M	M						
𐤒	QOPH	Q			Q	Q	Q	Q	q	Q	Q	q
𐤓	REŠ	R	P	RHO	𐌓	𐌓	R	R	r	R	R	r
𐤔	ŠIN	SH~S	Σ	SIGMA	𐌔	𐌔	S	S	s	S	S	s
𐤕	TAW	T	T	TAU	T	T	T	T	t	T	T	t
			Υ	UPSILON			V	U	u	U	U	u v
			Φ	PHI							W	w
			X	CHI		X	X	X		X	X	x
			Ψ	PSI		Y	Y				Y	y
			Ω	OMEGA		Z	Z				Z	z

SECRETOS DEL SANTO GRIAL

Arriba, alfabeto hebreo y alfabeto de los manuscritos del mar muerto traducidos por John Allegro. Empieza a leer por la derecha y de arriba abajo. El abyad o alef bet (alfabeto hebreo) antiguo, muy semejante al fenicio y al arameo arcaico.

CAPÍTULO VI
EL MANÁ BÍBLICO

«Y CUANDO EL ROCÍO CESÓ DE DESCENDER, HE AQUÍ SOBRE LA FAZ DEL DESIERTO UNA COSA MENUDA, REDONDA, MENUDA COMO UNA ESCARCHA SOBRE LA TIERRA.»
—ÉXODO 16:14

ENCICLOPEDIA JUDAICA
REPRESENTACIÓN ÉXODO

La Biblia habla del sagrado "*Maná*" que los israelitas comieron en el desierto. Se dan muchas pistas sobre lo que es **Maná**. La Biblia dice que Maná era un pequeño objeto comestible redondo que apareció en el suelo después de que cayó el rocío. Si el **Maná** quedara demasiado tiempo fuera del Sol, cria gusanos y apesta. Éxodo 16:14 dice: " *Y cuando el rocío cesó de descender, he aquí sobre la faz del desierto una cosa menuda, redonda, menuda como una escarcha sobre la tierra.*" Éxodo 16:19-20 continúa *"Y viéndolo los hijos de Israel, se dijeron unos a otros: ¿Qué es esto? porque no sabían qué era. Entonces Moisés les dijo: Es el pan que Jehová os da para comer... Y les dijo Moisés: Ninguno deje nada de ello para mañana. Mas ellos no obedecieron a Moisés, sino que algunos lo dejaron ello para otro día, y crió gusanos, y se pudrió; y se enojó contra ellos Moisés."* Los objetos pequeños, redondos y comestibles que cuando se dejan en el sol se pudren, crían gusanos y apestan se conocen hoy en día por **hongos, setas o champiñones.**

Siempre se ha pensado que el maná se producía milagrosamente (su nacimiento sin semilla). Esta es una descripción botánica perfecta de un hongo. El nacimiento sin semilla (milagroso) se debe a que las esporas son microscópicas y no son visibles a simple vista. Jesús describe el Maná en detalle en el libro de San Juan. En esta historia, Jesús intenta aclarar; que maná, hay dos tipos diferentes. Él describe el maná que da a los discípulos (última cena) como el Maná que otorga la inmortalidad. Su afirmación, a menos que se haya comido su carne / cuerpo (Soma / Maná) y haya bebido su sangre (Jugo Soma), no tienes el don de la vida en ti mismo, adquiere un significado completamente nuevo a la luz de este descubrimiento. El Maná está directamente asociado con el fruto del Árbol de la Vida en el segundo capítulo del libro de Apocalipsis. Es la recompensa para aquellos que superan (las mentiras del mundo). El *"Fruto del árbol"*, el *"Maná oculto"* y la *"Pequeña piedra blanca"* se mencionan por separado, pero en el mismo contexto. Todos estos son símbolos de la Amanita muscaria.

SECRETOS DEL SANTO GRIAL

En Juan 6:31-41 dice *"Nuestros padres comieron el maná en el desierto, como está escrito: Pan del cielo les dio a comer. Y Jesús les dijo: De cierto, de cierto os digo: No os dio Moisés el pan del cielo, mas mi Padre os da el verdadero pan del cielo. Porque el pan de Dios es aquel que descendió del cielo y da vida al mundo. Le dijeron: Señor, danos siempre este pan. Jesús les dijo: Yo soy el pan de vida; el que a mí viene, nunca tendrá hambre; y el que en mí cree, no tendrá sed jamás. Más os he dicho, que aunque me habéis visto, no creéis. Todo lo que el Padre me da, vendrá a mí; y al que a mí viene, no le echo fuera. Porque he descendido del cielo, no para hacer mi voluntad, sino la voluntad del que me envió. Y esta es la voluntad del Padre, el que me envió: Que de todo lo que me diere, no pierda yo nada, sino que lo resucite en el día postrero. Y esta es la voluntad del que me ha enviado: Que todo aquél que ve al Hijo, y cree en él, tenga vida eterna; y yo le resucitaré en el día postrero. Murmuraban entonces de él los judíos, porque había dicho: Yo soy el pan que descendió del cielo."*

Sacerdotes y curas niegan vehementemente que "el pan verdadero, el pan del cielo" es un champiñón, pero tienen dificultades para explicarlo como pan literalmente hablando. El pan no es una cosa pequeña y redonda que se encuentra cubierta de rocío en el desierto. Tampoco contiene ninguna de las propiedades místicas que se le otorgan. Esto es innegablemente una referencia a la seta mágica o amanita muscaria.

El concepto de la ingestión literal del cuerpo de Dios está muy ninguneado por los eruditos religiosos de hoy. El cuerpo (**soma**) siendo un champiñón carnoso es mucho más apetecible que tratar de soportar el canibalismo o la transformación de sustancias normales. Se deben hacer muchas preguntas sobre esta idea cosmopolita de la *'Sustancia Sacramental'*. Desafortunadamente, los expertos religiosos evitan la idea, insistiendo en que la idea no es más que simbólica. Un símbolo apunta a otra cosa, generalmente no a otra simbología. La iglesia católica, a principios del 1.100, decidió tener la última palabra sobre este tema al establecer (bajo el emperador / Papa Inocencio III) la ***'Doctrina de Trans-Substanciación'.*** Esto es por lo cual, los Sacerdotes, por su supuesto el poder sagrado, pretenden poder decir algunas palabras mágicas, y convertir el pan común en el *'Cuerpo de Dios'*. Este evento es uno de los mayores engaños de todos los tiempos, es un socavamiento de los aspectos esotéricos básicos de la religión, y es, posiblemente, el suceso más horrible y condenatorio que le haya sucedido a la cristiandad, y como tal, a toda la raza humana.

SECRETOS DEL SANTO GRIAL

Juan 6:53-56 Jesús les dijo: *"De verdad, de verdad os digo: Si no coméis la carne del Hijo del Hombre, y bebéis su sangre, no tenéis vida en vosotros. El que come mi carne y bebe mi sangre, tiene vida eterna; y yo le resucitaré en el día postrero. Porque mi carne es verdadera comida, y mi sangre es verdadera bebida. El que come mi carne y bebe mi sangre, en mí permanece, y yo en él."* Jesús describe claramente el Maná que él llama su cuerpo en el libro de San Juan. Describiendo repetidamente el 'Materia / Maná' como una sustancia oculta al mundo, pero revelada a sus discípulos. Comprender la historia de la última cena se vuelve lo más simple posible si sabes cómo descifrar el suceso. Por tanto; Jesús dice: *'Toma y come, este es mi cuerpo,"* ergo la amanita muscaria o el hongo o champiñón sagrado.

Estas son palabras fuertes, por lo tanto, es importante darse cuenta de que las sustancias a las que se refería Jesús no son hostias consagradas de la comunión o eucaristía y vino de uva. La amanita existía mucho antes de que el cristianismo fuera conocido como *"la carne de los dioses"* y "la sangre de los dioses", y esto es lo que se quiere decir aquí. Era un rito típico de los esenios del cercano oriente y de Qmram como explica John Allegro y otros.

Esto explica claramente que comer y beber es físico. Mi cuerpo es carne de verdad, y mi sangre es bebida, y la afirmación añadida de que cuando comes, está dentro de ti y deja poco espacio para el debate de que se trata de una sustancia, no solo un símbolo espiritual. Para aquellos que deciden debatir esto, les pido que me muestren su sustancia porque, según las palabras de Jesús, a menos que coman y beban de "*eso*", no tienes sustancia o vida spiritual. Por cierto, ¿realmente necesito mencionar que esta no es una referencia extraña al canibalismo? Espero que no, si aún piensas esto, sigue leyendo. En algún lugar, algo de esto debe convencerte de que no está diciendo que le quite de un mordisco un trozo del brazo, o cualquier otro cacho de su cuerpo... En mi opinión, el acto mágico de *'Trans-Substanciación'* no tiene ningún mérito. La afirmación de que Jesús dice *'A menos que comas y bebas, no tienes vida en ti',* parece condenar el reemplazo de lo que sea que sea real con un placebo (sustituto).

Shiva, el dios hindú es hermafrodita con un testículo, un pene, vagina y un seno. Esta es otra personificación de la seta al igual que Mitra. La primera etapa de la seta se considera masculina, ya que se parece a un pene. Luego, el tallo empuja la bola / útero / pecho hacia arriba fuera del huevo. Como los brazos de la tapa de hongo se abren a los lados, es como si el aspecto femenino se abre desde la "*costilla*" masculina.

Jesús, al igual que **Krishna**, **Dionisio** y los demás dioses de las setas, se pone con las piernas juntas, lleva puesta una corona de espinas y una faja en su cintura mientras es crucificado. Sus piernas juntas con los brazos extendidos en la cruz tienen la misma forma de "T" que la seta durante su etapa óptima de Mesa Redonda. La faja que usa Jesús es la colmena que se encuentra a mitad del tallo de todas las amanitas, y la corona espinosa de Jesús es la parte superior del hongo espinoso. La razón por la cual Jesús fue crucificado y nos dice que comamos su cuerpo es que el hongo debe morir para que lo comamos.

El hecho de que las setas deben secarse antes de ser consumidas es otro eufemismo del dios que necesita morir, o sacrificarse a sí mismo, para salvar a la humanidad a través de la expiación (en uno) ... Se puede argumentar que si investigas a todos los dioses a través del tiempo, es posible encontrar el original. Este original reside en los mitos de los dioses mismos, como aquellos aspectos que permanecen iguales. "Toma y come, este es mi cuerpo" es el tema central. Todos los antiguos mitos de los dioses contienen algún tipo de alimento sacramental, y antropomórficamente este alimento se convierte, en algún momento, en una personificación del dios mismo.

Jesús muere por tus pecados. El pecado era originalmente un término de tiro con arco que significa *"perder de vista el objetivo"*. El hongo muere para que puedas comértelo, y las experiencias psicodélicas introspectivas que produce acaban con tus pecados.

SECRETOS DEL SANTO GRIAL

Comprenderás cómo se ha "perdido el objetivo" en la vida. Este es el significado original, pero la Iglesia ha pervertido esta idea con un mecanismo de culpabilidad, asustando a la gente con el infierno y atrapándolos para "arrepentirse" en los confesionarios.

Mientras que en la cruz, Jesús es perforado a través del costado y su sangre sale y se recoge en el Santo Grial. Esta idea de un "salvador herido en el costado" era un tema común entre los dioses pre-cristianos. El Vaticano y los templarios han promovido la idea de que la Sábana Santa de Turín, la Lanza de Longinus / Destino y el Santo Grial son artefactos reales, pero en realidad son simbolismos ocultos y señuelos de las antiguas mitologías relacionadas con las setas y las plantas psicodélicas.

Proverbios 5:15 *"El legítimo placer conyugal. Bebe el agua de tu propia cisterna y de los raudales de tu propio pozo."* Y en San Juan 7:37-38 *"Pero en el último y gran día de la fiesta, Jesús se puso de pie y alzó la voz diciendo: "Si alguno tiene sed, venga a mí y beba. El que cree en mí, como dice la Escritura, ríos de agua viva correrán de su interior."*

Los ingredientes activos de los hongos como la amanita no son metabolizados por el cuerpo, por lo que permanecen activos en la orina. De hecho, es más seguro beber la orina de alguien que hayan consumido los hongos que si se comen los hongos directamente, ya que muchos de los compuestos tóxicos se procesan y eliminan con el primer paso a través del cuerpo. Era una práctica común entre los antiguos reciclar los potentes efectos del hongo bebiendo la orina de los demás.

Los ingredientes de la amanita pueden estar activos y ser potentes incluso después de seis veces que pasa a través del cuerpo humano. Algunos estudiosos argumentan que este es el origen de la frase erótica "la lluvia dorada", ya que esta actividad de beber orina precedió al alcohol durante miles de años.

A menudo, la orina del reno se consumía por sus efectos psicodélicos. Un ejemplo eran los vikingos berserk-Este efecto también ocurre a la inversa, ya que los renos también disfrutan de la orina de un ser humano, especialmente uno que ha consumido los hongos. De hecho, los renos buscan la orina humana para bebérsela, y algunos miembros de las tribus de la estepa [siberianos] llevan contenedores de piel de foca de su propia orina recogida, que utilizan para atraer a los renos perdidos hacia la manada.

SECRETOS DEL SANTO GRIAL 156

CAPÍTULO VII
LSD Y DMT DESCUBIERTO EN LA ANTIGÜEDAD

«EL HECHO ES QUE LA LSD ES UNA CURA ESPECÍFICA PARA LA HOMOSEXUALIDAD. [...] EN CONSECUENCIA, NO ES SORPRENDENTE QUE HAYAMOS TENIDO MUCHOS CASOS DE HOMOSEXUALES A LARGO PLAZO QUE, BAJO LOS EFECTOS DE LA LSD, DESCUBREN QUE NO SÓLO SON GENITALMENTE PERO GENÉTICAMENTE MASCULINOS, QUE ESTÁN BÁSICAMENTE ATRAÍDOS POR LAS HEMBRAS. EL MÁS FAMOSO Y PÚBLICO DE ESTOS CASOS ES EL DE ALLEN GINSBERG, QUIEN HA DECLARADO ABIERTAMENTE QUE LA PRIMERA VEZ QUE SE SINTIÓ ATRAÍDO HACIA LAS MUJERES FUE DURANTE UNA SESIÓN DE LSD HACE VARIOS AÑOS.»

—TIMOTHY LEARY EN UNA ENTREVISTA PARA LA REVISTA PLAYBOY, 1960.

Arriba el químico suizo Albert Hofmann, que sintetizó el LSD en 1943. Se sintió mareado y tuvo alucinaciones. En sus propias palabras, Vio "imágenes fantásticas, formas extraordinarias con intensos juegos de color caleidoscópico como mandalas...", describió el químico.

La temeridad de John Allegro al proponer, en base a sus interpretaciones de los Manuscritos del Mar Muerto y en pinturas encontradas en algunas iglesias dispersas por Europa, la teoría de que la figura del Jesucristo bíblico no se correspondería con un personaje histórico sino que oculta el uso sacramental del hongo Amanita Muscaria en los rituales del cristianismo primitivo no sólo le valió el desprecio de sus semejantes en la academia sino que supuso el fin de su carrera como historiador.

El problema que surge de forma inmediata al considerar asuntos como las experiencias místicas y la religiosidad es la inefabilidad de los mismos y por tanto, la dificultad que supone medir y comparar experiencias tan subjetivas. Uno de los intentos más conocidos para evaluar y cotejar la intensidad entre experiencias místicas de carácter farmacológico y no farmacológico fue el llamado "Experimento de Viernes Santo", llevado a cabo por Walter Pahnke bajo la supervisión del controvertido Timothy Leary.

La inclusión de la LSD y la psilocibina en la lista I (sustancias de consumo ilegal y sin interés científico) de la Ley de Sustancias Controladas de 1970 determinó el fin de la investigación sobre los beneficios (y los peligros) a corto y largo plazo de estas sustancias. Afortunadamente, desde principios del nuevo siglo, un reducido número de grupos de investigación han conseguido el permiso de las autoridades para reactivar los estudios en psicoterapia psicodélica. Estos grupos de investigación, promocionadas por organizaciones sin ánimo de lucro como la Asociación Multidisciplinar de Estudios Psiquedélicos (MAPS) y el Instituto de Investigación Heffer, ya han realizado estudios con resultados realmente prometedores sobre la utilidad de la LSD y la psilocibina como agentes paliativos de la ansiedad en pacientes terminales o el tratamiento de adicciones con ibogaina, ketamina o ayahuasca.

Llama la atención, de entre todos los estudios que se han llevado a cabo, la investigación dirigida por el profesor Rolan Griffiths de la Universidad John Hopkins, por su propuesta (tan similar a la de 1962 del Dr. Pahnke) de centrarse en las implicaciones espirituales del consumo de altas dosis de psilocibina, aún siendo éste un tema tan alejado de los estándares académicos.

En esta investigación, treinta individuos sanos con un historial previo libre de enfermedades mentales y experiencias psicodélicas y que reportaron una participación frecuente en actividades de tipo religioso fueron seleccionados. 15 voluntarios recibieron psilocibina (30mg) durante la primera sesión y los otros quince recibieron el placebo, hidroclorato de metilfenidato (40mg) o Ritalin, como se conoce por su nombre comercial, en sesiones de ocho horas mientras se les animaba a cerrar los ojos y centrarse en sus sensaciones interiores. Finalmente, en una segunda sesión posterior, cada participante recibió el fármaco alternativo.

Tras cada sesión y de forma posterior (catorce meses después), cada participante tuvo que rellenar una serie de cuestionarios para evaluar los efectos alucinógenos (en base a niveles de intensidad, soma-estética, afecto, percepción, cognición y volición), percepciones subjetivas del estado alterado de consciencia (usando un test APZ), efectos similares a otras drogas e intensidad de la experiencia mística (usando el llamado *"Cuestionario Pahnke-Richards de Experiencias Místicas"*).

Los participantes que tomaron psilocibina puntuaron más alto en los cuestionarios de efectos alucinógenos y en la escala APZ que los que tomaron metilfenidato. Sin embargo, los participantes que consumieron psilocibina puntuaron más alto en todos los efectos similares a otras drogas incluyendo los efectos estimulantes anfetamínicos (pese a que el placebo era un derivado de la misma) mientras que la puntuación de auto-control fue menor que para el grupo control que tomó Ritalin.

22 de los participantes que tomaron psilocibina declararon haber experimentado una experiencia mística completa, mientras que sólo cuatro afirmaron lo mismo con el placebo. De igual forma, los participantes que recibieron la dosis de psilocibina puntuaron más alto en cambios positivos en su vida tras dos y catorce meses de haber participado en el experimento en comparación con los que tomaron la sustancia control. 67% de los individuos del grupo de estudio calificaron la vivencia como la experiencia más significativa de sus vidas o al menos como una entre las cinco experiencias más relevantes de sus vidas y el 38% de los participantes del grupo de estudio llegó a clasificarla como la experiencia mística más significativa o al menos, una de las cinco más significativas de sus vidas . Sólo el 8% de los participantes del grupo de control valoraron la experiencia como entre las cinco más significativas de sus vidas (nunca la más significativa).

Las conclusiones del estudio coinciden con las obtenidas por Pahnke y Leary, las experiencias místicas de origen farmacológico son percibidas por individuos familiarizados con la meditación o la práctica religiosa con la misma intensidad que las de origen no farmacológico. Conclusiones parecidas se desprenden de las investigaciones de los grupos de investigación de los profesores Robin Carhart-Harris y Judson Brewer, cuyos resultados comparados demuestran que tanto la meditación como el consumo de psilocibina producen efectos similares en el cerebro.

Lo llamativo de los alucinógenos serotoninérgicos (LSD, mezcalina, DMT, psilocibina...) es la similitud de su estructura química con la del neurotransmisor serotonina, con el cual comparten en común el llamado anillo indólico y que permite que todas estas sustancias ejerzan su principal efecto sobre los receptores serotoninérgicos.

Estas investigaciones en busca de una relación entre el funcionamiento de los circuitos neuronales y las experiencias místicas han generado la aparición de una nueva disciplina, la Neuro-teología, que para unos busca encontrar una explicación racional a las experiencias espirituales en el funcionamiento cerebral, mientras que para otros, en un desvarío oportunista, busca demostrar la predestinación humana hacia el misticismo y a la creencia en Dios.

Pero, al margen de que un puñado de gente quiera utilizar estos resultados para sus propios intereses en pos de fines religiosos, lo único que nos demuestran es que todos los seres humanos compartimos unos circuitos neuronales que, bajo ciertas condiciones, nos generan unos sentimientos de unidad con el universo y amor incondicional, sentimientos que siempre han sido asociados con el misticismo y la espiritualidad y que podrían haber sido la base de muchas de las religiones originarias que habrían dado lugar a la gran multiplicidad de cultos actuales.

Los hongos sagrados se utilizaron en Europa desde la época griega hasta el presente. Además de los ejemplos ya citados sobre el uso de Amanita muscaria en Europa en la época medieval, hay información del uso de otros hongos. Está el caso de los hongos en relación con la religión en la antigua Grecia. En la ciudad de Eleusis, cerca de Atenas, se utilizaba una bebida sacramental en ritos misteriosos (Kramrisch, Ott, Ruck y Wasson, 1986). Esta se tomaba en vasos especiales de porcelana, en los que están representadas espigas de trigo, debido a la relación de estas con los hongos alucinógenos que las parasitan. Se trata del *«cornezuelo del centeno»* o *«ergot»* La naturaleza de esta bebida fue un enigma por siglos, hasta que investigaciones realizadas (Wasson, Hofmann y Ruck, 1978), revelaron que estaba relacionada con la sustancia indólica dietilamida de ácido lisérgico (LSD), que fue la primera sustancia psicotrópica conocida por la ciencia y que Hofmann la aisló en 1937.

El grupo de Wasson estudió las ceremonias que tuvieron lugar en Eleusis. Hofmann, basado en sus investigaciones químicas y fisiológicas sobre aquélla bebida de los griegos, concluyó que para la elaboración de ella utilizaban los esclerocios o cornezuelos del *«ergot»*. Dichos cuernitos contienen un complejo de varios alcaloides, los cuales producen contracciones en la musculatura lisa, vértigo y sobre todo visiones. Hofmann observó que uno de estos alcaloides, es la base del LSD, sustancia soluble en agua. Con fines experimentales, bebió esta solución de tales esclerocios y tuvo los síntomas semejantes a aquellos que provocan los psilocibes. De esta forma se dilucidó el secreto Eleusiano.

Además, se sabe (Ramsbottom, 1954) que Claviceps purpurea con sus esclerocios produjo grandes epidemias en la Europa medieval, cuando la harina utilizada para la cocción del pan estaba mezclada con esclerocios. Las personas intoxicadas por comer dicho pan experimentaban contracciones y alucinaciones. Es interesante observar además que en Europa y en América del Norte, los esclerocios eran usados farmacéuticamente como un agente uterotónico, para controlar hemorragias posparto debido a su acción sobre la musculatura uterina (Ramsbottom, 1954). Por otra parte, Samorini y Camilla (1994) estudiaron una representación griega de un hongo grabado que encontraron en el Museo del Louvre en París.

En esta grabación se ve a Demetrio y Perséfone aparentemente hablando sobre un hongo desconocido en la mano de Perséfone. Este caso muestra cuan poco sabemos todavía sobre la etnomicología de la cultura griega. Dicho hongo, por su forma y sus posibles propiedades neurotrópicas, podría ser Psilocina serbica, una especie alucinógena descrita de Serbia (Guzmán, 1983) y que está muy relacionada con P. Mairei. En cuanto a la cultura romana, dos mosaicos en Túnez representan hongos (Samorini, 2001) que parecen ser grandes agaricales identificados por quien escribe también como P. Mairei.

En Londres, Brande (1799) se registró un caso de intoxicación neurotrópica en una familia que ingirió hongos, que fue comentado por Sowerby (1803) y que Redhead et al. (2007) identificaron como P.semilanceata, hongo alucinógeno común en Europa y muy usado como droga recreativa. Este viene siendo el primer registro alucinógeno de dicha especie. Pero un grabado medieval de bronce en la puerta de la Catedral de Hildesheim, en Alemania, muestra el árbol de El Edén, en forma de tres fructificaciones gigantes de P. semilanceata, en donde Dios está señalando a Adán y Eva, cuestionándolos sobre quién se comió el fruto prohibido y Eva a su vez señala un horrible animal en el suelo, como una interpretación del diablo (Gartz, 1996; Samorini, 2001).

SECRETOS DEL SANTO GRIAL 168

CAPÍTULO VIII
UN JUDÍO ANTISEMITA EN LA CORTE DEL REY

«EN ESTE TIEMPO EXISTIÓ UN HOMBRE DE NOMBRE JESÚS. SU CONDUCTA ERA BUENA Y ERA CONSIDERADO VIRTUOSO. MUCHOS JUDÍOS Y GENTE DE OTRAS NACIONES SE CONVIRTIERON EN DISCÍPULOS SUYOS. LOS CONVERTIDOS EN SUS DISCÍPULOS NO LO ABANDONARON. RELATARON QUE SE LES HABÍA APARECIDO TRES DÍAS DESPUÉS DE SU CRUCIFIXIÓN Y QUE ESTABA VIVO. SEGÚN ESTO FUE QUIZÁ EL MESÍAS DE QUIEN LOS PROFETAS HABÍAN CONTADO MARAVILLAS...»
—TEXTO CON AUTENTICIDAD DISPUTADA A FLAVIO JOSEFO

A todo cristiano que debate sobre Jesús, siempre que se le pregunta por evidencias no seculares, este tiende a mencionar como aportación extra-bíblica a una serie de textos de historiadores del siglo I que supuestamente mencionan a dicho personaje clave en su religión.

Algunos autores, como Eisler, opinan que fue retocada la versión griega, pero no la árabe. Muchos opinan que la falsificación se produjo en dos momentos: el primero más discreto dio lugar a la versión árabe; y el segundo con la interposición de frases de contenido cristiano, originó la versión griega. Las razones para considerar una interpolación son: Josefo debe haber mencionado a Jesús, pero no puede haberlo reconocido como el Cristo; por lo tanto parte de nuestro texto Josefino actual debe ser genuina y parte interpolada. Igualmente, la misma conclusión se sigue del hecho que Orígenes conocía un texto Josefino acerca de Jesús, pero no le era familiar nuestro texto actual, ya que, de acuerdo con el gran doctor de Alejandría, Josefo no creía que Jesús fuese el Mesías. ('In Matth.', xiii, 55; 'Contra Cels.', I, 47).

En todo caso, debe tenerse en cuenta que Josefo no escribía para los judíos, sino para los romanos; consecuentemente, cuando dice 'Este era el Cristo' no implica necesariamente que Jesús era el Cristo considerado por los romanos como el fundador de la religión cristiana.

Josefo conocía bien a los ese-nios, pues afirmaba haber pasado un tiempo con ellos. Él decía de esta comunidad:
"Los esenios repudian el placer como un mal y consideran la continencia y la resistencia ante las pasiones como una virtud. Desprecian a los ricos, y su vida comunal es admirable. De hecho, es una ley que aquellos que ingresan a la secta deben entregar sus propiedades a la orden; así. ni la humillación de la pobreza ni el orgullo de la riqueza ha de verse ni remotamente entre ellos. Puesto que sus posesiones están mezcladas, existe para ellos, como para los hermanos, una propiedad única".

Imagino que ya todo el que haya debatido con esta gente habrá oído mencionar nombres como Mara bar Serapio, Flavio Josefo, Tácito, Suetonio y Plinio. Dicho creyente los usa como caballo de batalla y evidencia de la existencia de su ídolo (y también semidiós judío). La mayoría de estos creyentes solo los mencionan por oídas y muchos de ellos, al descubrir la verdad que hoy analizaremos aquí, tiende a negar cualquier cosa que desacredite estas fuentes ya que son la única excusa extra bíblica que poseen para defender sus creencias.

¿Están en lo correcto? ¿Se pueden considerar estas fuentes como evidencia a la existencia de dicha persona (que no su mitificación religiosa)? Veremos a continuación…

De los mas de 70 historiadores que existieron a lo largo de ese primer siglo (entre ellos figuras tan conocidas como Juvenal, Séneca, Plutarco, Apolonio, Luciano, Aulo Gelio, Dión Crisóstomo, Filón de Alejandría y Valerio Flaco), lo primero que nos sorprende es que, a pesar de que los creyentes y su tan preciada biblia aluden a una persona que acumulaba enormes congregaciones tras de sí; que este era un erudito y sabio judío; y que fue tan importante y trascendental que tuvieron que apresarle y condenarle rápidamente debido a que estaba provocando la sublevación de su pueblo (apostando incluso guardias en su sepulcro para evitar que sus discípulos robaran su cuerpo); a pesar de que en las fuentes neo testamentarias (los evangelios) se produjeron terremotos y aparecieron innumerables muertos andando por las calles: las únicas menciones que se hacen de él las hace tan solo un grupo de personas tan reducido como es el que viene a continuación. Un grupo que además empezó a hablar de él a partir de los años 70 de nuestra era común (823 Ad urbe condita), a partir de los 35 a 40 años de su supuesta muerte en la cruz. (incluidos los mismos autores de los evangelios). De los primeros que supuestamente mencionan a esta persona se encuentra el que viene a continuación.

Mara Bar-Serapio

El primero en aparecer en la lista de estas fuentes seculares según orden cronológico (si se toma en cuenta la datación más antigua que se le atribuye a la misma) proviene de un manuscrito siriaco del siglo VII d.e.c. La mayoría de estudiosos la sitúa entorno a la mitad del siglo II d.e.c. Siempre posterior al 70 d.e.c ,debido a que esta carta hace referencia a la destrucción del Templo de Jerusalén (la cual se produjo en ese año). Otros eruditos la sitúa incluso posterior al siglo III.

Algo que hace que la misma pierda valor como documento fiable es que, tanto si se escribió a finales del I, a lo largo del II, como si se escribió en el III; el cristianismo ya se había formado cerca de 20 años antes de su composición (tomando los 70 como referencia y a la datación más antigua de las epístolas paulinas como referencia: entre el 55 y el 60 d.e.c). Esta persona bien podría ser un cristiano perteneciente a ese movimiento. Otra cosa que hace dudar de su veracidad son la inexactitudes históricas sobre Sócrates y Pitágoras.*

*"¿Qué ventaja obtuvieron los atenienses cuando mataron a Sócrates? Carestía y destrucción les cayeron encima como un juicio por su crimen. ¿Qué ventaja obtuvieron los hombres de Samo cuando quemaron vivo a Pitágoras? En un instante su tierra fue cubierta por la arena. ¿Qué ventaja obtuvieron los judíos cuando condenaron a muerte a su rey sabio? Después de aquel hecho su reino fue abolido. Justamente Dios vengó aquellos tres hombres sabios: los atenienses murieron de hambre; los habitantes de Samo fueron arrollados por el mar; los judíos, destruidos y expulsados de su país, viven en la dispersión total. Pero Sócrates no murió definitivamente: continuó viviendo en la enseñanza de Platón. Pitágoras no murió: continuó viviendo en la estatua de Hera. Ni tampoco el rey sabio murió verdaderamente: continuó viviendo en la enseñanza que había dado."

(*) La carta, que insta al hijo de su autor a optar por la sabiduría, afirma que los atenienses mataron a Sócrates cuando él mismo Sócrates era ateniense. Aunque en el jurado se encontraban ciudadanos elegidos por sorteo, Sócrates murió voluntariamente revindicando sus principios en un juicio que le culpaba de antidemocrático y de pertenecer al grupo de los treinta espartanos. (visión de Sócrates que demuestra Esquines) Durante el mismo juicio Sócrates provocó al jurado al mofarse de ellos. En la carta además el autor menciona que dios les vengo a los tres, cosa que parece absurda teniendo en cuenta que Sócrates murió acusado también por no creer en ningún dios y Pitágoras creía en la transmigración del alma o reencarnación (metempsicosis).

De este último, el autor de la carta menciona que murió quemado vivo cuando lo poco que se conoce(y se conocía) de Pitágoras es que este llego a los 100 años de edad en Crotona . El único percance que tuvo con algunos habitantes de Samo fue debido a su método de enseñanza, por lo que decidió partir de ahí y establecerse en Crotona, donde fundó una escuela filosófica y religiosa. Muchos creyentes además aseguran que ese rey de los judíos era el Jesús neo testamentario cuando en la carta no se menciona ningún nombre y durante ese primer siglo ya habían varios lideres sectarios que se auto-adjudicaban ser el mesías judío. Mara también pudo mencionar a otro líder distinto como el que proclamaban los esenios. Presuponer que esta carta menciona al Jesús de los evangelios es tan poco objetivo como presuponer que el autor de la misma no pudo ser un seguidor del cristianismo.

Lo sospechoso de la misma (si se toma a Jesús como un personaje histórico) es que, a pesar de ser escrita a finales de ese siglo I (cuando supuestamente ya se habían dado a conocer los primeros cristianos y el nombre de su líder mesiánico ya debería conocerse), este autor que menciona el nombre de los dos sabios anteriores no exponga también el nombre de ese *"rey sabio"*.

Flavio Josefo

El preferido de los judeocristianos a la hora de mencionar una fuente extra bíblica. De este historiador se puede decir que la única mención que realiza Josefo hacia este personaje neo testamentario la hace en el año 93 d.e.c en su obra "Antigüedades judías" y en un texto que apenas abarca unas líneas.

Dicho libro se conoce gracias a que un obispo, Eusebio de Cesárea las introdujo en su Historia Eclesiástica(capítulo I, 11), un obra de carácter apologético escrita en el 325 de la que aun existen varias copias del siglo X.

Existe un amplio consenso de estudiosos (entre ellos exegetas cristianos) que no dudan en que en los textos de Flavio existen varias interpolaciones que se produjeron después de que este escribiera dicho libro. En donde se produce la discrepancia entre estos estudiosos es en si solo una totalidad o la parcialidad de lo que se considera como *"testimonio flaviano"* fue interpolado.

Entre las copias que se conservan de este libro se encuentra una versión en arameo en la que el texto que aparece en la 1º Interpolación permanece como una variante sin los añadidos que más adelante veremos.

1ª Interpolación

Lo que el cristianismo considera como *"testimonium flavianum"* (testimonio flaviano) no es más que una torpe interpolación de un texto en el que se habla de Jesús (más adelante también de Juan el Bautista y Santiago). Dicho texto se puede encontrar en el libro de Josefo *"Antigüedades judías"* , Libro VIII, capitulo III, párrafo 3.

¿Que es una interpolación? Según RAE: 2. tr. Intercalar palabras o frases en el texto de un manuscrito antiguo, o en obras y escritos ajenos.

Este párrafo podría ser considerado auténtico si no fuera porque diversos estudios demostraron que fue puesto adrede varios siglos después de haberse escrito el libro (entre el II y el III). Otro creciente número de estudiosos no solo afirma que dicho texto se compuso entre esos siglos sino que aseguran que dicho texto debió ser interpolado en el siglo IV. De hecho se estima que el falsificador de tal obra no fue otro que Eusebio de Cesárea (Eusebio Pamfili, c 275 – 30 de Mayo de 339 d. e. c), que en el 325 ya fue uno de los obispos destacados en el I Concilio de Nicea.

¿Cómo se sabe esto?

1º.- El texto no guarda concordancia con el resto del capítulo. Josefo en este capitulo habla de las Tribulaciones* de Pilatos a los judíos en Roma y, como por arte de magia, aparece dicho texto mencionando a modo de cuento a un tal Jesús, que no tiene nada que ver con el tema de dicho capítulo pero que misteriosamente parece querer introducirlo a la fuerza. Tal es así que si se lee dicho texto en su contexto se puede observar claramente:

CAPITULO III
Poncio Pilatos introduce clandestinamente imágenes del emperador en Jerusalén. Los judíos se sublevan. Tribulaciones de los judíos en Roma,

1. Pilatos, pretor de Judea, salió de Samaria con su ejército para invernar en Jerusalén. Concibió la idea, para abolir las leyes judías, de introducir en la ciudad las efigies del emperador que estaban en las insignias militares, pues la ley nos prohíbe tener imágenes.

Por este motivo los pretores que lo precedieron, acostumbraban a entrar en la ciudad con insignias que carecían de imágenes. Pero Pilatos fue el primero que, a espaldas del pueblo, pues lo llevó a cabo durante la noche, instaló las imágenes en Jerusalén. Cuando el pueblo se enteró, se dirigió a Cesárea en gran número y pidió a Pilatos durante muchos días que trasladara las imágenes a otro lugar. El se negó, diciendo que sería ofender al César; pero puesto que no cesaban en su pedido, el día sexto, después de armar ocultamente a sus soldados, subió al tribunal, establecido en el estadio, para disimular al ejército oculto. En vista de que los judíos insistían en su pedido, dio una señal para que los soldados los rodearan; y los amenazó con la muerte, si no regresaban tranquilamente a sus casas. Pero ellos se echaron al suelo y descubrieron sus gargantas, diciendo que preferían antes morir que admitir algo en contra de sus sabias leyes. Pilatos, admirado de su firmeza y constancia en la observancia de la ley, ordenó que de inmediato las imágenes fueran transferidas de Jerusalén a Cesárea.

2. También dispuso Pilatos llevar agua a Jerusalén, a expensas del tesoro sagrado, desde una distancia de doscientos estadios. Pero los judíos quedaron descontentos por las medidas tomadas; se reunieron muchos miles de hombres que pidieron a gritos que se desistiera de lo ordenado; algunos, como suelen hacerlo las multitudes, profirieron palabras ofensivas.

Pilatos envió un gran número de soldados vestidos con ropa judía, pero que bajo los vestidos ocultaban las armas, a fin de que rodearan a los judíos; luego ordenó a éstos que se retiraran. Como los judíos dieron muestras de querer injuriarlo, hizo la señal convenida a los soldados; éstos castigaron mucho más violentamente de lo que se les había ordenado tanto a los que estaban tranquilos, como a los sediciosos. Pero los judíos no mostraron señal ninguna de debilidad, de tal modo que sorprendidos de improviso por gente que los atacaba a sabiendas, murieron en gran número en el lugar, o se retiraron cubiertos de heridas. Así fue reprimida la sedición.

Y he aquí el párrafo que suena discordante y fue añadido posteriormente :
3. Por aquel tiempo existió un hombre sabio, llamado Jesús, si es lícito llamarlo hombre, porque realizó grandes milagros y fue maestro de aquellos hombres que aceptan con placer la verdad. Atrajo a muchos judíos y muchos gentiles. Era el Cristo. Delatado por los principales de los judíos, Pilatos lo condenó a la crucifixión. Aquellos que antes lo habían amado no dejaron de hacerlo, porque se les apareció al tercer día resucitado; los profetas habían anunciado éste y mil otros hechos maravillosos acerca de él. Desde entonces hasta la actualidad existe la agrupación de los cristianos.

Por la misma época los judíos sufrieron otra tribulación. Acontecieron en Roma algunos hechos en el templo de Isis, que se consideraron escandalosos. Recordaré primeramente el crimen que se cometió en dicho templo, y luego referiré lo acontecido a los judíos.

Había en Roma una cierta Paulina, de ilustre nacimiento y de gran prestigio por su afán en la práctica de la virtud además abundaba en riquezas, era de una gran belleza y estaba en aquella edad en que las mujeres son más coquetas; pero ella llevaba una vida virtuosa. Estaba casada con Saturnino, que rivalizaba con ella por sus buenas cualidades. Se enamoró de ella Decio Mundo, caballero de la más alta dignidad. En vano trató de seducirla mediante numerosos regalos, pues ella rechazó todos los que le ofrecía. Su amor aumentó cada vez más, hasta que llegó a ofrecerle doscientas mil dracmas áticas por una sola noche.

Fíjese querido lector que, tal como sucede con toda interpolación, puede leerse perfectamente el párrafo 2 seguido del 4 sin que esto genere discontinuidad. Cosa que si produce la lectura del párrafo 3.

(*) Tribulación (RAE): 1. f. Congoja, pena, tormento o aflicción moral. 2. f. Persecución o adversidad que padece el hombre. Nótese que el texto que menciona a Jesús nada tiene que ver con esto, que es de lo que trata el capítulo.

Añadir que, a pesar de que ciertos autores como Jesús Peláez (partidarios a la parcialidad de la interpolación en el texto) exponen que al eliminar los textos puramente cristianos el párrafo resultante no es muy favorable a Jesús y esto puede ser una prueba de su veracidad. Según estos estudiosos el texto resultante vendría a ser este:

Por aquel tiempo existió un hombre sabio. Atrajo a muchos judíos. Delatado por los principales de los judíos, Pilatos lo condenó a la crucifixión. Aquellos que antes lo habían amado no dejaron de hacerlo. Desde entonces hasta la actualidad existe la agrupación de los cristianos.

Tal argumento* también podría considerarse como valido, aunque el autor que añadió dicho texto pudo hacerlo con la intención de mostrar un cierto punto de vista judío que explicara el por qué de la tribulación citada en el párrafo 4, la cual no necesita de todo el anterior párrafo (el 3º) para tener dicha concordancia.

En tal caso, la eliminación de parte del texto no afectaría en ese sentido al texto resultante.

(*)"¿Existió Jesús realmente?" – Antonio Piñero.
Algunos sostienen que la versión árabe (eslava), expuesta en 1971 por el exegeta judío Shlomo Pines podría considerarse como prueba de que solo la parcialidad del texto fue interpolado. Ello se debe a que en dicha traducción, realizada por el obispo de Hierápolis (Agapito, Mahbub ibn Qustantin siglo IX al X). Dicho texto podría considerarse una versión sin interpolaciones si no fuera porque gran parte de los textos y frases que existen en la interpolación se encuentran en él:

*"En este tiempo existió un hombre de nombre Jesús. Su conducta era buena y era considerado virtuoso. Muchos judíos **y gente de otras naciones se convirtieron en discípulos suyos. Los convertidos en sus discípulos no lo abandonaron.** Relataron que se les había aparecido tres días después de su crucifixión y que estaba vivo. Según esto fue quizá el mesías de quien los profetas habían contado maravillas."*

2º.- El texto en cuestión, ya no solo es que carezca de concordancia y produzca cierta discontinuidad sino que, por lo visto, no fue conocido tampoco por autores cristianos como Tertuliano (ca. 160 – ca. 220 d.e.c), Orígenes (185 – 254 d.e.c), del que casualmente realizó estudios Eusebio (siendo ambos de Cesárea) o Clemente de Alejandría (mediados siglo II – entre el 211-216 d.e.c), entre otros.

3º.- A todo lo anterior se le añaden incoherencias como que un judío, en este caso Josefo, dijera frases como:

- *"Si es licito llamarlo hombre"* (en otras traducciones la frase es *"si se le puede llamar hombre"*). Una frase que más que denota una idolatría impropia de un judío como Josefo, lo que da a entender es que Josefo menciona a Jesús como alguien sobrenatural de carácter divino.

- "Era el cristo" (en otras traducciones la frase es *"era el mesías"*). Algo que un judío jamás añadiría a un texto y que contraria plenamente a su religión. En el caso de Josefo, si se diera por sentada dicha frase como propia, no se estaría hablando de un autor judío.

- *"Aquellos que antes lo habían amado no dejaron de hacerlo, porque se les apareció al tercer día resucitado"* (traducido también como *"no le abandonaron los que primeramente le siguieron, pues de nuevo vivo se mostró a ellos al tercer día,"*). Algo que un judío jamás habría admitido como evidencia del "mesías" ya que en ningún texto del Tanaj se cita que el mesías tenga que *"resucitar al tercer día"*.

Dicho texto es solo figura en los evangelios, concretamente Lucas 24:46 y en otros textos neo testamentarios como 1 Corintios 15:3-4, donde se afirma erróneamente al igual que en esta interpolación que este hecho debe producirse y está profetizado.

- *"Los profetas habían anunciado y mil otros hechos maravillosos acerca de él."* (en otras traducciones *"los profetas de dios habían dicho estas y otras maravillas de él"*). Si las anteriores frases son impropias de un judío, esta las sobrepasa aun mas. Ya no solo porque para un judío (al que se le enseña la lectura y estudio del Tanaj, la Tora y el Talmud desde pequeño) vea incoherente que los textos vetero-testamentarios anuncien la venida que se relata en los evangelios, sino porque para un estudioso del Tanaj, ver las incoherencias que los autores neo testamentarios introdujeron, aparte de las claras tergiversaciones que estos produjeron, le causarían cuanto menos una aparente indignación.

- Y por si las anteriores frases fueran impensables para un judío de finales del siglo I, esta última tiende a superarlas: *"Delatado por los principales de los judíos, Pilatos lo condenó a la crucifixión."* (que en otras traducciones es *"Y con la aprobación de los principales de los nuestros Pilato le aplicó la cruz"*)

SECRETOS DEL SANTO GRIAL

Una frase claramente **antisemita** muy propia de alguien que ya conoce o ha leído los evangelios y que un judío tampoco usaría ya que contraria a su religión y seria desaprobada de inmediato por el pueblo judío, siendo represaliado por dichas autoridades. Recordemos que los evangelios son todos posteriores al 70 y Antigüedades judías se escribió en el 93 d.e.c. y además Pilatos no se podría haber lavado las manos ya que era una tradición propia de los esenios y otras órdenes del Quram no de los prelados o jurisprudencia romana.

2ª Interpolación (Puestos a ellos, los padres de la Iglesia, inventaron otro personaje para que coincidiera toda la historia más bonita jamás contada, el de Juan El Bautista. No bastaba con Jesús, ¡Pues ahora toma otro por duplicado!
La siguiente interpolación se encuentra en el capitulo V del mismo libro y, como la anterior, también es fácil de identificar.

CAPITULO V

El tetrarca Herodes hace la guerra a Aretas, y es derrotado. Historia de Juan Bautista. Vitelino, al informarse de la muerte de Tiberio, detiene las hostilidades

1. Por este tiempo surgieron disensiones entre Aretas, el rey de Petra y Herodes, por el siguiente motivo. Herodes el tetrarca casóse con la hija de Aretas, y vivió con ella durante mucho tiempo. En viaje a Roma, fue a visitar a su hermano Herodes, hijo de otra madre, pues Herodes el tetrarca era hijo de la hija de Simón el sumo pontífice.

Enamoróse de Herodías ,la mujer de su hermano, hija de Aristóbulo, otro de sus hermanos, y hermana de Agripa el grande. Tuvo la audacia de hablarle de matrimonio[...]

2. Algunos judíos creyeron que el ejército de Herodes había perecido por la ira de Dios, sufriendo el condigno castigo por haber muerto a Juan, llamado el Bautista. Herodes lo hizo matar, a pesar de ser un hombre justo que predicaba la práctica de la virtud, incitando a vivir con justicia mutua y con piedad hacia Dios, para así poder recibir el bautismo. Era con esta condición que Dios consideraba agradable el bautismo; se servían de él no para hacerse perdonar ciertas faltas, sino para purificar el cuerpo, con tal que previamente el alma hubiera sido purificada por la rectitud. Hombres de todos lados se habían reunido con él, pues se entusiasmaban al oírlo hablar. Sin embargo, Herodes, temeroso de que su gran autoridad indujera a los súbditos a rebelarse, pues el pueblo parecía estar dispuesto a seguir sus consejos, consideró más seguro, antes de que surgiera alguna novedad, quitarlo de en medio, de lo contrario quizá tendría que arrepentirse más tarde, si se produjera alguna conjuración. Es así como por estas sospechas de Herodes fue encarcelado y enviado a la fortaleza de Maquero, de la que hemos hablado antes, y allí fue muerto. Los judíos creían que en venganza de su muerte, fue derrotado el ejército de Herodes, queriendo Dios castigarlo.

3. . Vitelino se aprestó a hacer la guerra a Aretas; tomó consigo dos legiones y todas las tropas ligeras y de caballería que tenía agregadas, guiadas por los reyes sometidos a los romanos. Yendo hacia Petra, llegó a Ptolemáis […]

En este capitulo se introduce todo un bloque que interrumpe la historia que narra el autor, Josefo, sobre Vitelino. Sin venir a cuento el falsificador introduce en el relato sobre Vitelino a **Juan el Bautista**. Como con toda interpolación, simplemente es necesario quitar ese párrafo sobrante y tras ello se comprueba no solo la continuidad de la historia sino que además se percibe que la *frase "Algunos judíos creyeron que el ejército de Herodes había perecido por la ira de Dios, sufriendo el condigno castigo por haber muerto a Juan"* nada tiene que ver con el estilo gramatical y literario del resto del texto.

1º.- El párrafo 1 termina dando pie a la historia de Vitelino que prosigue en el párrafo 2. Véase contextualizado:

Los dos reunieron sus ejércitos con fines bélicos y enviaron a sus generales. Iniciadas las hostilidades, todo el ejército de Herodes fué vencido y muerto, pues fué traicionado por algunos prófugos que estaban al servicio dé Herodes, aunque eran de la tetrarquía de Filipo. Sobre esto Herodes informó por carta a Tiberio. Este, indignado con Aretas, escribió a Vitelio que le hiciera la guerra y se lo enviara vivo, encadenado, o, si era muerto, la cabeza. Tales fueron las órdenes de Tiberio al procónsul de Siria.

Vitelio se aprestó a hacer la guerra a Aretas; tomó consigo dos legiones y todas las tropas ligeras y de caballería que tenía agregadas, guiadas por los reyes sometidos a los romanos. Yendo hacia Petra, llegó a Ptolemáis. Al querer pasar con su ejército por Judea, los principales le pidieron que no lo hiciera; adujeron que sus costumbres nacionales no permitían las imágenes y que había muchas en las insignias. Vitelio accedió al pedido, y ordenó que el ejército avanzara por una gran llanura.

2º.-Josefo es bastante descriptivo y racional en sus textos, por lo que el párrafo sobre Juan el Bautista no concuerda con el resto del capitulo debido a las diferencias de estilo que en él se producen:

Josefo ya narra los motivos del por qué el ejercito de **Herodes** fue vencido cuando escribe que *"todo el ejército de Herodes fue vencido y muerto, pues fue traicionado por algunos prófugos que estaban al servicio dé Herodes, aunque eran de la tetrarquía de Filipo."* ¿Qué pintaba en el relato serio de un historiador que tiende a ser preciso una frase como *"Algunos judíos creyeron que el ejército de Herodes había perecido por la ira de Dios."* cuando ya se describen las causas anteriormente?

3º.- Volvemos a lo ocurrido en el anterior capítulo. ¿Un historiador judío diciendo que una persona, Juan, fue castigada por o pese a *"ser un hombre justo que predicaba la práctica de la virtud, incitando a vivir con justicia mutua y con piedad hacia Dios, para así poder recibir el bautismo."*? ¿Un historiador judío (fariseo) citando esto: *"Era con esta condición que Dios consideraba agradable el bautismo"*? Para comprender lo tremendamente contradictorio (por no decir absurdo) que resulta esto con el judaísmo, es necesario aclarar que el *"bautismo"* no era una practica judía sino *"esenia"*.

Nota: En el siglo 1 el pueblo judío se dividía en 3 sectas: saduceos, fariseos y esenios. Aunque Josefo mantuvo contacto con estas castas (más bien sectas) una vez convertido en adulto (15 años), por la que se decantó finalmente fue por la farisea, en la cual ejerció un papel político-religioso defendiendo a su pueblo mediante negociaciones con el imperio Romano. Flavio, con padre (Matías) perteneciente al linaje sacerdotal y que fue instruido como todo judío en la Tora jamás aceptaría un ritual ajeno a su religión tal y como se describe en el párrafo interpolado. El ritual del bautismo no fue nunca un rito fariseo y la descripción que se realiza en dicha interpolación de Juan el Bautista concuerda más con la actitud que tenían los esenios que con la adoptada por los judíos de la época. El acto de lavarse las manos antes de enjuiciar a un convicto no era tradicional de la justicia romana, encuadra más con los juicios de los esenios a discípulos de su secta.

Más temas cuestionables

1ª. Que solo un historiador, Josefo, mencione a un personaje "*histórico*", creador de una secta que movía masas y siempre iba acompañado de un sequito, es sospechoso. Si se admite la opinión sobre la parcialidad en la interpolación se debería admitir también que esta persona tuviera la suficiente relevancia como para ser mencionado por otros historiadores o eruditos de la época.

2ª. Otro detalle dentro de **"*Antigüedades judías*"** que convierte a los evangelios en textos erróneos es la descripción que hace Josefo sobre el Censo de Quirino (Cirino), quien lo sitúa en el año 6, 37 años después de la batalla de Actio (31 a. de C.):

"Cirinio, por su parte, tras haber vendido los bienes de Arquelao y cuando había tocado ya a su fin la elaboración del censo, el cual, ordenado por Augusto, se llevó a cabo treinta y siete años después de la derrota sufrida por Antonio en Actio..."

3ª. Tanto en *"Guerra de los judíos",* escrita en los años 50, como en *"Antigüedades judías",* escrita en los 90, Josefo afirma haber analizado todas las sectas conocidas en su época para poder ser objetivo. Entre las sectas mencionadas por Josefo a la hora de hacer dicho listado, tanto en su primera obra como en la segunda, se encuentran: Fariseos, Saduceos, Esenios e incluso una, más minoritaria, cuyo líder es un tal *"Judas el Galileo"*. Para Josefo, tanto en los años 50 como en los 90, ni existen los *"cristianos"*, ni una secta cuyo líder sea un tal Jesús, ni *"de Nazaret"*, ni *"de Belén"*, *"ni galileo"*.

Y por otro lado, es verdad que ni Tertuliano ni San Justino usan el pasaje de Josefo sobre Jesús; pero este silencio se debe probablemente al desdén con el que los judíos contemporáneos miraban a Josefo y a la relativamente poca autoridad que tenía entre los lectores de la élite-la única que sabia leer en aquellos tiempos- romana. Escritores del tiempo de Tertuliano y Justino podían apelar a testigos vivos de la tradición apostólica.

Como ya citamos anteriormente, y como nuestro querido y ávido lector podrá comprobar: 1.- Todos judeocristianos, 2.- Todos nacidos entre el siglo III y IV. Cuando ya se había celebrado el I Concilio de Nicea, en el que uno de ellos, Eusebio había participado activamente. Y el silencio completo de Josefo respecto a Jesús habría sido un testimonio más elocuente que el que poseemos en el presente texto; éste no tiene afirmación incompatible con la autoría de Josefo: el lector romano necesitaba la información de que Jesús era el Cristo o el fundador de la religión cristiana;

los hechos maravillosos de Jesús y su resurrección de entre los muertos eran tan incesantemente recordados por los cristianos que sin estos atributos el Jesús de Josefo difícilmente habría sido reconocido como el fundador del cristianismo. Según este argumento, Josefo, un estudioso judío no pudo describir de otra forma al Jesús neo testamentario para un pueblo que había convivido con el cristianismo (según textos neo testamentarios) más o menos medio siglo:

1.- Si el pueblo de Roma lo conocía tanto como se da a entender (recordemos que Josefo habla para Roma, un pueblo en el que ya habían predicado varios apóstoles suyos, entre ellos Pedro- según los evangelios y las epístolas), frases como *"si es lícito llamarlo hombre"*, *"porque realizó grandes milagros y fue maestro de aquellos hombres que aceptan con placer la verdad."*, *"Era el Cristo"* y *"porque se les apareció al tercer día resucitado"* eran totalmente necesarias para que este pueblo supiera a quien se refería. Según estos, Josefo no pudo ahorrarse dichas frases, que contradecían no solo a su religión sino que la dejaban en mal lugar ante un publico, explicando la vida de ese personaje de otra forma sin ensalzarlo como el mesías.

2.- Si el pueblo de Roma no lo conocía. Este historiador judío y fariseo no habría necesitado tampoco dichas frases más propias de un apologista cristiano que de un fariseo de finales de siglo.

3.- Como judío la opinión positiva que se desprende de dicha frase cuando describe a Jesús como *"Por aquel tiempo existió un hombre sabio, llamado Jesús, si es lícito llamarlo hombre, porque realizó grandes milagros y fue maestro de aquellos hombres que aceptan con placer la verdad."* habría provocado que la siguiente descripción de lo que le sucede *"Delatado por los principales de los judíos, Pilatos lo condenó a la crucifixión"* hubiera dado como resultado una opinión negativa con respecto a los judíos. Por eso dicho párrafo (todo o parte de él) resulta tremendamente anti-judío y antisemita como para que un mismo judío (y además fariseo) lo describiera tal cual.

La conclusión que uno saca de los textos de Josefo es que existe una interpolación y es algo innegable. Dicha interpolación crea incongruencias que se hacen notar si se observan los textos de otras fuentes (incluidas las judeocristianas)
¿Qué pasaría si esta obra no hubiera sido interpolada y los textos fueran originarios de Josefo? Absolutamente nada. Daría igual ya que Josefo, al escribir dicha obra, solo se pudo servir de testimonios y escritos. Para ello pudo contar con unas epístolas escritas a partir del 65 y unos Evangelios escritos a partir del 75 d.e.c. **_Antigüedades judías_** se escribió en el 93. Josefo jamás fue un testigo presencial de los hechos y mucho menos contemporáneo al Jesús neo testamentario. Como tampoco lo fueron los evangelistas y Pablo.

SECRETOS DEL SANTO GRIAL

ORIGEN NO CRISTIANO
La eucaristía, tal como la estableció Jesús, según se describe en los Evangelios, tiene similitudes con ritos esenios.

Y lo más importante sobre el Testimonio flaviano: Aunque fueran auténticos (que no lo son), por mucho que esto fuera así, esto no demostraría que una persona llamada Jesús hubiera realizado los milagros y acciones sobrenaturales que en los textos neo testamentarios se reflejan. Simplemente demostraría que un creyente y autor judío, menciono a otro judío que vivió más de medio siglo antes que él y que este fundo una secta o vertiente con doctrinas distintas.

¿Es la Última Cena un rito esenio?

Otro de los supuestos vínculos entre el primer cristianismo y los esenios es la Ultima Cena. En el documento llamado Reglamento de la Comunidad se menciona a un sacerdote que bendice el alimento y el vino en una comida común, y en el Reglamento de la Congregación de los esenios se habla de una comida que será presidida por dos Mesías. La investigadora francesa Annie Jaubert (1912-1980) propuso que la cena de Jesús con sus discípulos habría tenido lugar de acuerdo con el calendario solar de los esenios.

CAPÍTULO IX
AKHENATON, INVENTOR DEL MONOTEÍSMO

«"DESDE TIEMPOS INMEMORIALES ES SABIDO CUÁN PROVECHOSA NOS HA RESULTADO ESTA FÁBULA DE JESUCRISTO"»
— CARTA DEL PAPA LEÓN X (1513-1521)

¿Existe un código secreto en el manuscrito de Cobre?
Entre el texto hebreo del Manuscrito de Cobre, que describe la localización de diversos tesoros, hay 16 letras griegas. Un investigador independiente (el ingeniero Robert Feather, autor de **The Secret Initiation of Jesús at Qumram**), juntó las 10 primeras letras y observó con sorpresa que se había formado la palabra Akenatón, el nombre del "*faraón hereje*" de Egipto, antecesor y padre de Tutan-kamón. Para este autor, **Akenatón** fue el primer **monoteísta**, a la vez que el precursor de las religiones monoteístas (judaísmo, cristianismo e islam).

Su nombre en el Manuscrito de Cobre puede ser visto como un testimonio del reconocimiento judío hacia el faraón, que vivió más de mil años antes de la composición de los manuscritos. Feather piensa que el manuscritos de Cobre debe haber sido una copia de un documento mucho más antiguo, más cercano a la época de Akenatón. No obstante, no deja de echarse en falta alguna otra mención al polémico faraón dentro del corpus de obras tradicionales judías.

Según la recomendación de Allegro en 1955, el gobierno jordano envió el Manuscrito de Cobre a la Universidad de Manchester para que se cortara en secciones, lo que permitía leer el texto. Estuvo presente durante el proceso de corte en 1956 y luego hizo una transcripción preliminar del texto, que pronto tradujo, enviando copias de su trabajo a Gerald Lankester Harding en Jordania.

Aunque Allegro había sido el primero en traducir el Rollo de Cobre, el texto fue asignado para su edición a J.T. Milik por Roland de Vaux, el editor en jefe de los rollos. Mientras estuvo en Inglaterra hizo una serie de emisiones de radio en la BBC Radio con el objetivo de popularizar los rollos, en los que anunció que el líder discutido en los rollos podría haber sido crucificado. Él postuló que el Maestro de la Justicia había sido martirizado y crucificado por Alexander Jannaeus, y que sus seguidores creían que reaparecería en el tiempo del Fin como el Mesías, basado en el documento de Qumran Comentario sobre Nahum 1.4-9 [10] (una posición que él -itetrado en 1986). Sus colegas en Jerusalén respondieron de inmediato con una carta al Times el 16 de marzo de 1956 refutando su demanda. Uno de los resultados de esta carta parecía ser que su nombramiento en Manchester no debía renovarse.

El Director de Antigüedades jordano le preguntó varias veces a Allegro si publicaría el texto del Pergamino de Cobre. Después de unos años de esperar la publicación de Milik del pergamino, Allegro sucumbió y se dispuso a publicar el texto. Su libro, **_The Treasure of the Copper Scroll_**, fue estrenado en 1960, mientras que la publicación oficial tuvo que esperar otros dos años. Aunque varias de sus lecturas en el texto son reconocidas, el libro de Allegro fue menospreciado por sus colegas. Él creía que el tesoro en el pergamino era real -una opinión ahora sostenida por la mayoría de los eruditos, y encabezó una expedición para tratar de encontrar elementos mencionados en el pergamino, aunque sin éxito.

FARAÓN JUDÍO
Se ha afirmado que el nombre de Akenatón aparece en el Rollo de Cobre. Podría ser una lectura incorrecta, una coincidencia, o algo más.

Durante este período, Allegro también publicó dos populares libros sobre los manuscritos del Mar Muerto, **The Dead Sea Scrolls** (1956) y **The People of the Dead Sea Scrolls** (1958). Quería fotografiar el emplazamiento de Qumrán y varios textos, proporcionando una importante fuente de información para la posteridad. Además de esta hipótesis controvertida, Feather también piensa que Jesús pasó sus años de formación (sobre los cuales los Evangelios no comentan nada) en Qumrán, donde fue iniciado en la comunidad de los esenios, de manera que esta comunidad sería el núcleo a partir del cual surgió el cristianismo.

Andrija Puharich, en el libro **"The Sacred Mushroom (Key to the Door of Eternity)"**, describió enlaces jeroglíficos y lingüísticos con la Amanita muscaria. El pictograma de setas típico (y obvio) y el Ankh se teorizan como símbolos del hongo. Aunque gran parte de esta información fue extraída mientras uno de sus viajeros psíquicos estaba en trance, este vínculo ha demostrado ser importante para comprender la teología egipcia, y como veremos más adelante en la comprensión de la hemitología. Con la ayuda de asociaciones egipcias a Mithra, el dios cabeza de león, la función de la tina (en el centro de la Cámara de los Reyes en Gizeh) es una clave que revelará el "Stargate". El Aten (disco con alas) simboliza la tapa del hongo con los filamentos internos de los hongos estilizadas como alas. El título de este libro es profundo, ya que el hongo se descubrió ser la literal *"llave de la puerta de la eternidad"*.

Esta representación del escarabajo egipcio contiene simbolismo del hongo. Las alas (filamentos), el disco solar y el disco lunar. Míralo de cerca y verás las mismas imágenes usadas más adelante. Esta es una de los relieves de la seta, que aparecen en casi todos los dibujos, inventarios y representaciones de Egipto. Mirando la tapa desde abajo. Los filamentos son frecuentes. El escarabajo se considera hermafrodita, o autogenerado, de la misma manera que el hongo se regenera. Hombre y mujer dentro del mismo organismo, es un símbolo apropiado.

La Gran Pirámide en Gizeh es el lugar sagrado de iniciación. El efecto de esta estructura sobre, y la posible manipulación de, la multidimensionalidad, hacen de la estructura enigmática uno de los fenómenos más interesantes en nuestro planeta.

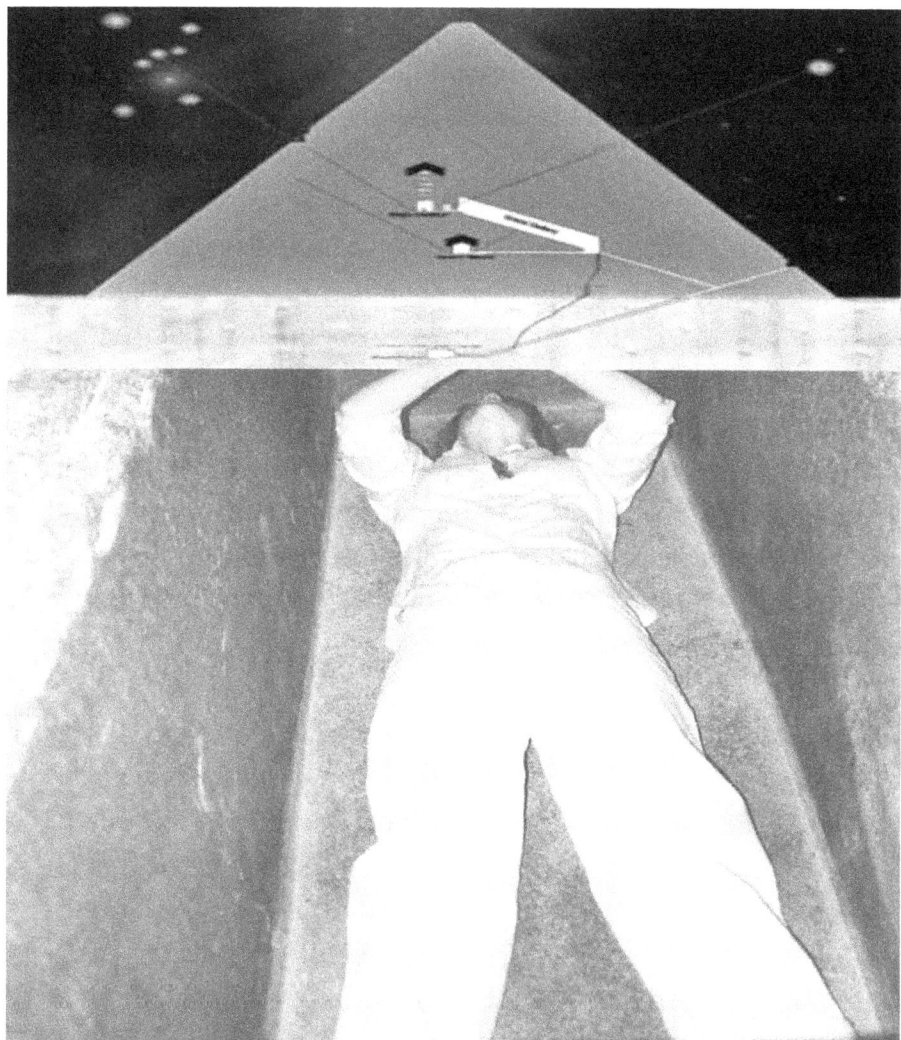

La cámara central de la pirámide de Khufu o Cheops, donde reside el sarcófago, es un lugar que abre el Stargate. (Ten en cuenta que estos rituales se celebraron más tarde históricamente que el de Khemit). Se sabe que este sarcófago o ataúd jugó un papel en una ceremonia que debía preparar al iniciado para la entrada a los cielos.

La pregunta es: ¿Cómo se usaba esto en una ceremonia así? Una pista se encuentra en los enigmáticos depósitos de sal que se encuentran en todas las paredes del interior de la cámara. La ceremonia indujo una experiencia "fuera del cuerpo", tele transportando al iniciado a las estrellas. Los egipcios pueden haber tenido en cierto lugar en mente que esta cámara fue diseñada para ayudar a dirigir el espíritu hacia. Posibilidades probables serían Sirius u Orión. En nuestro tiempo, si intentáramos recrear este viaje, probablemente habría una dirección deseada hacia la que desearíamos apuntar los pequeños portales que salían de la cámara. Debe observarse la alineación astronómica ya que hay evidencia de que estos portales se alinearon con ciertas regiones del cielo en momentos específicos, y que se creía que el iniciado ascendía espiritualmente a través de estos portales.

Ha habido teorías que sugieren que estos portales fueron utilizados para dirigir el espíritu del iniciado a ciertos puntos en las estrellas. Sin embargo, como se cree que el espíritu puede penetrar en objetos sólidos, un barril guía parece una conclusión poco probable, sin embargo, considerando todo, el jurado todavía está afuera en eso. El agua salada flotante en esta bañera proporcionaría un tanque sensorial de privación muy agradable, para la iniciación de la muerte y el renacimiento. Al igual que el tanque que se utilizó para la investigación de Amanita en la película ***"Altered States"***.

Las escuelas mistéricas egipcias dieron a luz a otras órdenes secretas de iniciación como los Rosacruces, masones, templarios y muchas más. Estas sociedades modernas elaboran, y usan como modelo, "los niveles de aprendizaje", que las escuelas de misterios egipcias incorporan. Más tarde, las sociedades místicas perpetuaron los sistemas, aunque en un estado degradado, debido a que la pirámide real no se usaba en el más alto de los niveles iniciáticos. Una habitación reemplazó la pirámide y un ataúd simple reemplazó al sarcófago. Tal vez todavía hay quienes reconocen el valor y la importancia de estos artefactos y todavía los usan, pero si esto es así, no es muy conocido. La posible importancia de esto, si se supiera, para aquellos que han dedicado sus vidas a esta búsqueda, no se conformarían con los reemplazos simbólicos.

Aquellos que aspiran a asumir la tarea de avanzar, en las órdenes, deben demostrar su valía a través de sus habilidades en las ciencias, así como pasar severas pruebas de diversos tipos. Las iniciaciones de orden del antiguo templo se pueden ver como un proceso gradual de aprendizaje acompañado de niveles de logro entrelazados con juramentos secretos, que fueron recompensados mediante la revelación de conocimiento oculto. El proceso de avance era típicamente un esfuerzo de por vida, de los cuales 22 años era el período base (según la tradición masónica).

Este período base encapsuló el estudio de las ciencias como las matemáticas, la geometría, la astronomía y la astrología (que puede denominarse más apropiadamente como astro-teología, no solo con los ciclos astronómicos y las constelaciones, sino también con los principios esotéricos del hombre evolución y la mitología de los dioses). La motivación para que una persona haga juramentos y se someta a un compromiso de estudio tan a largo plazo ciertamente tiene mucho que ver con una posible finalización en la más alta de las iniciaciones secretas. Específicamente, la iniciación que podría tener lugar solo en la cámara central de la gran pirámide de Gizeh. Las imitaciones de esta ceremonia, en las últimas órdenes sociales, son solo una sombra de lo real, completamente desprovistas de los mecanismos clave que hacen de este rito lo que realmente es.

Este rito de iniciación más elevado, para poder realizarse en su método adecuado, debe lograrse con la ayuda de los efectos multidimensionales de la pirámide junto con los efectos multidimensionales de la forma única de la muerte y de la Amanita muscaria. La experiencia de renacimiento. Otro ingrediente importante en el rito es el sarcófago dentro de la cámara central. Es más que una coincidencia interesante que la palabra sarcófago literalmente se traduce como "comer carne". Como el hongo se conoce como carne, en la mayoría de las tradiciones antiguas. El sarcófago es donde el iniciado se acuesta, durante el rito, consume la carne sagrada y bebe de las aguas de la vida.

SECRETOS DEL SANTO GRIAL 204

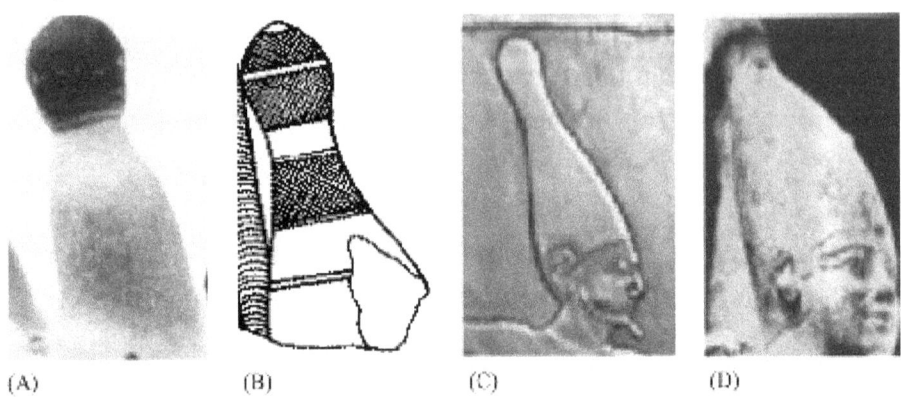

(A)　　　　　(B)　　　　　(C)　　　　　(D)

(A) etapa de primordio de la seta psilocibina cubensis que se asemeja notablemente (B) corona blanca anómala en una pared de la tumba de la XI Dinastía en Deir-el-Bahari (Naville, 1910; Abubakr, 1937); (C) corona blanca del rey Narmer; (D) Corona anómala del Faraón Sesostris I (Evers, 1929).

Después de tres días, de esta prueba de muerte y resurrección, el iniciado es llevado al final de la tercera noche a la entrada de una galería, donde en un momento determinado, presumiblemente la salida del sol, es sacado de la pirámide, donde los rayos del sol naciente golpeaban directamente al rostro del iniciado en trance, donde se le dio paso a los cielos, iniciado por el dios Osiris (el Thoth y dios de la sabiduría) y se convirtió en un dios mismo. Algunos teóricos reclaman cámaras que miraban hacia el este en La gran pirámide aún debe estar oculta. Algunos teorizan que la pirámide puede estar truncada, o que el iniciado puede haber sido llevado a la apertura norte al mediodía. Exactamente cómo se hizo sigue siendo un misterio.

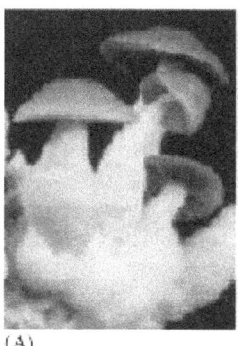  

(A) (B) (C)

Diferentes etapas del hongo psilocybe cubensis primordia (A y C) representado por la Triple Corona o hemhem (B).

En cualquier caso, ninguna teoría explicada lo que significa la Corona Roja o Blanca y su diseño, por qué ambas coronas fueron determinadas por las plantas, o el por qué de una inscripción enigmática en la tumba de la Cuarta Dinastía faraónica que dice, *"Él ha comido" la Corona Roja, se ha tragado lo Verde [y] se deleita en tener su magia en su vientre "*. (Faulkner, 1998, Utterance 274).

¿No hablamos de plantas y hongos alucinógenos? ¿ O qué?

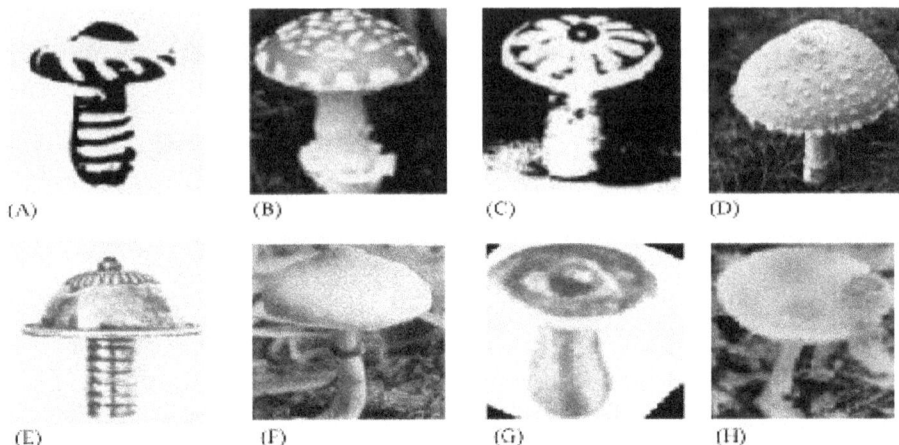

Pernos de la oreja egipcia de la Dinastía XVIII-XIX (A, C, E y G) evidentemente fueron diseñados para estilizar los hongos enteogénicos Amanita pantherina (B), Amanita muscaria (D y H) y Psilocybe (Stropharia) cubensis (F).

El perro-Dios Wepwet (Upuat) apuntando a la encarnación de los hongos de Osiris, rodeado de primordios de psilocybe, personificados, falicos, monopodial (de Mabry, 2000).

Los pilares que se encuentran en cada templo en Egipto tienen forma de setas gigantes. Estos tienen forma de Amanita, algunos tienen forma de Psilocybe. Otros parecen hongos de árbol y están decorados con imágenes de una increíble variedad de plantas alucinógenas como el rudo siria, la flor de loto o lily, y otras muchas que le ayudaba a la elite egipcia a comunicarse con los diferentes espíritus de los dioses Ogdoad y dioses extra dimensionales que le proveían. Como los últimos alquimistas, los Al Khemitians reverenciaron miles de plantas en sus obras de arte.

Arriba hay una talla en piedra arenisca egipcia (XVIII Dinastía 1570-1342 aC), que representa al faraón Akhenaton y a la esposa Reina Nefertiti de perfil, con las manos levantadas en el aire para venerar lo que yo diría que son dos hongos Amanita muscaria. Se sabe que el faraón introdujo una "nueva religión" en Egipto, basada en la adoración del dios sol Aten.

Los investigadores han propuesto que la esposa del faraón Akhenaton, la reina Nefertiti, pudo haber sido una princesa hitita, que vino de la tierra de Mitanni, un pequeño reino de un pueblo Indo-ario, justo al norte del Alto Éufrates, en lo que hoy es el norte de Irak. Los hititas eran un pueblo antiguo que estableció su imperio en el norte de Anatolia alrededor de 1600 aC., En lo que es hoy, Turquía moderna.

El faraón Akhenaton es más conocido por introducir una nueva religión en Egipto, que fue fuertemente apoyada por Nefertiti, que hizo del Aten, el disco solar, el centro de la vida religiosa de Egipto. Ella pudo haber traído consigo el culto de una planta intoxicante llamada Soma y un panteón de dioses védicos, como Indra, Mitra y Varuna. Después de la muerte de Akhenaton en algún momento alrededor de 1334-1336 aC, Egipto volvería a su panteón original de dioses y creencias religiosas. (***It Was Nefertiti, An Aryan Princess?*** por K. Gajendra Singh.)

Los hititas eran una civilización enigmática que desapareció del registro histórico después del colapso de su imperio alrededor de 1180 a.C.E. Eran un pueblo indoeuropeo, que eran contemporáneos de los primeros asirios y babilonios, y se sabía que poseían ídolos de piedra que tenían la apariencia de hongos antropomorfizados.

Arriba un sello cilíndrico encontrado en Tell ed Daba, el nombre moderno de la capital de los Hicsos, como Akhenaton, en la región del delta del Nilo de Egipto. Los egiptólogos proponen que los hicsos eran un pueblo semita, muy probablemente cananeos que venían del Levante (el Mediterráneo oriental) que invadieron Egipto alrededor del año 1700 aC e introdujo el caballo y el carro a los egipcios.

Los hititas y los Hicsos fueron las primeras personas en el Medio Oriente en usar el carromato en la guerra, dándoles una gran ventaja sobre los pueblos que conquistaban. El sello del cilindro en forma de despliegue representa al Tormenta Dios Baal de Zcphon, un nombre hebreo que significa *"señor del norte"*. El dios de la tormenta de los Hicsos / cananeos, Baal Zefon, se representa de pie sobre dos montañas, sobre un velero con lo que parece ser hongos codificados en la vela.

Los hebreos que salieron de Egipto fueron los hicsos, una tribu cananita que conquistó todo Egipto y lo gobernó durante 100 años. Egipto se rebeló contra los hicsos y los esclavizó. La circuncisión es una forma antigua de marcar a los esclavos, similar al separar el sombrero de la seta o amanita. Egipto entonces volvió todo su poder contra el Reino de Kush (hoy en día Sudán) que tenía una alianza con los hicsos.

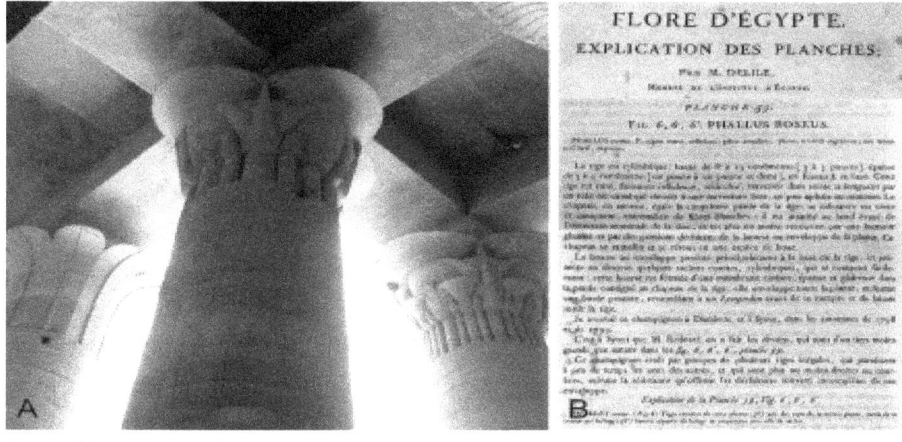

Los Kushitas fueron esclavizados, pero a diferencia de los Hicsos, fueron asimilados en la sociedad egipcia. Algunos kushitas incluso se convirtieron en faraones egipcios. Es muy posible que Akhenaton (el fundador del monoteísmo y probablemente el Moisés de la Biblia) fuera un kushita, ya que sus rasgos faciales son muy sugestivos de un ancestro africano que habita en el desierto.

La historia de que Moisés mató a un esclavo egipcio es probable que nos haya llegado de documentos quejándose de la inacción de Akhenaton al tomar represalias contra un cananeo (palestino) que había matado a un egipcio.

La momia de Akhenaten nunca ha sido encontrada. Por lo tanto, es posible que fuera él quien condujera a los hebreos (hicsos = cananitas) fuera de la esclavitud de Egipto. El arte egipcio sufrió un declive bajo el yugo de los Hicsos. Posiblemente porque legitimó el antiguo régimen. - de ahí el mandamiento contra las *"imágenes grabadas"* (jeroglíficos)

SECRETOS DEL SANTO GRIAL 214

No hay una palabra para "*judío*" en el idioma hebreo porque no hay J en el alfabeto hebreo. Es posible que nos haya llegado de la antigua palabra egipcia para "*montaña*" (como en "Monte Sinaí") que se pronuncia de la misma manera en que pronunciamos la palabra "judío". La palabra "judío" se deletrea jeroglíficamente con una serpiente y dos triángulos. El glifo anterior significa *"montaña de oscuridad"*, que se refiere al oeste donde se pone el sol y de dónde provenían los hicsos. La "*Estrella de David*", que es de origen oculto, se compone de dos triángulos interconectados que se asemejan a pirámides. Está apropiadamente asociado con la esvástica y Saturno que simula el viento arremolinado de un diablo terrestre o un huracán ("frente tormentoso"): el espíritu del caos.

¿Fue Yuya, el egipcio, realmente Josué de la Biblia?¿Por qué Akhenaton arriesgó todo, se enfrentó a todo el Sacerdocio egipcio, cerró los templos y mudó a todos a cientos de kilómetros al desierto para adorar al *"Único Dios"*?

Según la Biblia cristiana, el patriarca hebreo, Josué, fue vendido como esclavo en Egipto por sus hermanos celosos cuando tenía 17 años. Explicó algunos sueños que el faraón estaba teniendo y salvó a Egipto del hambre. Como recompensa por esto, se convirtió en Vizier, segundo al mando solo del propio Faraón. Con el tiempo, mandó buscar a sus hermanos y padre para que se reunieran con él en Egipto. Se dice que su familia y su tribu se quedaron en Egipto durante 430 años hasta que Moisés los sacó de Egipto llevando consigo los huesos de Josué. Muchos historiadores dicen que el Éxodo tuvo lugar al final del reinado de Ramsés II o el de su hijo, Merenptah.

Con base a la evidencia arqueológica, evidencia histórica egipcia, así como los manuscritos del Mar Muerto, el Corán, el Talmud y ciertas partes de la Biblia, ahora hay otra teoría ampliamente suscrita de la siguiente manera: Hay una tumba en el Valle de los Reyes: la tumba de Yuya y Thuya. Y varias estatuas. La evidencia de la tumba sugiere que Yuya nació entre 1452 y 1439 aC y murió en sus 60 entre 1393 y 1379 aC. Esto sugiere que murió durante el reinado de Amenhotep III. Algunas inscripciones en la tumba lo describen como "Aquel a quien el Rey hizo Grande y Sabio, a quien el Rey ha hecho su Doble"

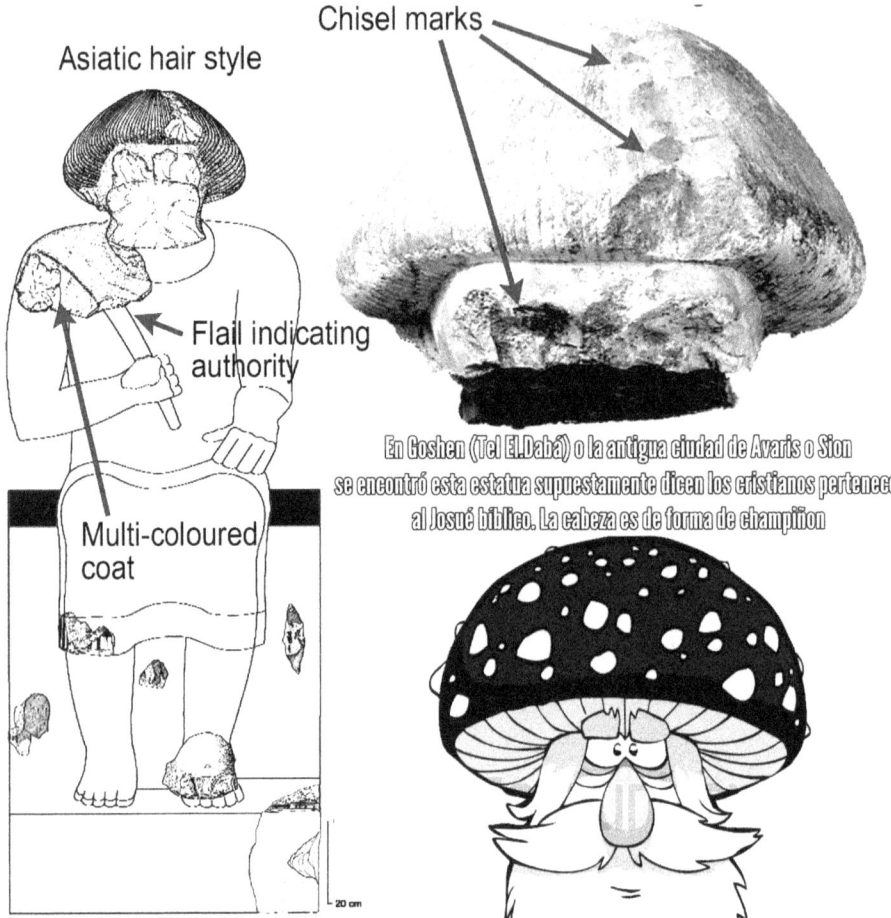

Y *"el santo padre del Señor de las Dos Tierras"* - que es un título también reclamado por Josué de la Biblia. Este Yuya no parece ser de sangre real, sin embargo, está enterrado en el Valle de los Reyes y muchas de las posesiones enterradas con él parecen haber sido regaladas por la familia real. El nombre "Yuya" no se ha encontrado antes en Egipto y no parece ser egipcio.

Sus orejas no fueron perforadas como las de los egipcios y sus manos se colocaron con las palmas hacia el cuello debajo de la barbilla, no en la forma usual de Osiris de cruzar las manos sobre el cofre.

Yuya y su esposa, Thuya, (que parece haber sido egipcia) tenían una hija llamada Tiye. Parece que el faraón Amenhotep III fue faraón a la edad de 12 años y debido a que la línea de sucesión era a través de las mujeres reales, se casó con su hermana, Sitamun. Pero luego rompió con la tradición y también se casó con Tiye, (que tenía solo 8 años) y la convirtió en su Gran Esposa Real y Reina en lugar de Sitamun. Amenhotep III parece haber amado mucho a Tiye, le construyó muchos santuarios y ella es la primera Reina en ser retratada con el Rey en una estatua donde ella es del mismo tamaño que el rey. Esta estatua está en el museo en El Cairo.

Si Yuya es Josué y él fue el abuelo de Akhenaton ... ahora tenemos una razón para la decisión aparentemente extraña de que Akhenaton y Nefertiti fastidiasen al antiguo sacerdocio amenista, y sumir a Tebas en el caos total y mudarse a el y sus bufones levitas a cientos de kilómetros al desierto para adorar al *"dios monoteista"*. UN solo Dios bajo la apariencia de ATEN (Sol negro)

SECRETOS DEL SANTO GRIAL 218

CAPÍTULO X
UN PAPA NOEL MUY COLOCADO

«TENER FE SIGNIFICA NO QUERER SABER LA VERDAD.»
— FRIEDRICH NIETZSCHE

A pesar de la creencia popular de que la coca cola popularizó el mito de Santa Claus, no hay nada mas lejos de la realidad. La historia de Papá Noel no comenzó con San Nicolás, tampoco, sino que se remonta a miles de años antes de lo que ahora se conoce como el norte de Siberia y procede de las tradiciones chamánicas de las tribus indígenas de esta área y áreas del norte de Suecia y Finlandia. El champiñón, ahora conocido como Amanita muscaria o Matamoscas es y fue una planta psicodélica que lleva creciendo silvestremente en muchas partes de Siberia desde el amanecer de los tiempos. Era sagrado para la gente de estas zonas gélidas y se consideraba un regalo de Dios.

Esta seta aparece en muchas piezas de arte encontradas en estas partes de la ex republica soviética y, de hecho, y como he venido reiterando se discierne ampliamente en el arte y la mitología de todo el globo, incluso hoy en día, y suele asociarse con la Navidad, la magia, las hadas y los duendes, y explicaremos porque a continuación.

La mayoría de los elementos modernos de la tradición navideña proceden de esta antigua tradición chamánica del culto a las setas, incluida la idea de que Papa Noel deja regalos en su trineo remolcado por renos mágicos a todos un día al año. La leyenda de Papa Noel se abrió paso desde el norte de Siberia hasta la Europa continental y se extendió por todo el mundo y se relacionó más tarde, un tanto materialistamente hablando, con el día santo cristiano de la Navidad.

Es una opinión muy difundida que la legendaria figura de Papa Noel viene de la figura mítica de San Nicolás que supuestamente vivió durante el siglo IV. San Nicolás se le conocido como el santo patrón de los niños y se dice que trajo regalos a todos los niños el 6 de diciembre, día de su fiesta. La mayoría de los historiadores religiosos y mitológicos modernos concuerdan en que San Nicolás no era una persona real, sino que era una amalgama cristianizada de varios obispos históricos como el siglo IV, Nicolás de Sión, De Bari y Nicolás de Myra. Este último asistió al concilio de Nicea (340 AD) animado por el emperador Constantino y fue uno de los precursores de los 4 evangelios. Era además tan violento que le arreó un bofetada a Arrio por dudar de la divinidad e inmaculada concepción del nuevo fundado mesías Jesús.

Este personaje de San Nicolás también se basa en representaciones del dios teutón Hold Nickar. Según la leyenda, Hold Nickar galopó por el cielo en su caballo de 8 patas durante el solsticio de invierno, otorgando favores a sus fieles del dominio terrenal.

John Rush, antropólogo y profesor en el Sierra College de Rocklin, Cliff. Apunta a que estas tradiciones se pueden remontar a las prácticas chamánicas con setas mágicas. *"Santa es una versión moderna de un chamán, que consumía plantas y hongos para alterar la mente y comunicarse con el mundo de los espíritus."*

Según Rush, Santa deriva de los chamanes siberianos y de las regiones árticas del planeta, que visitaban las localías durante el mes de diciembre para regalar bolsas de setas agáricas.

SECRETOS DEL SANTO GRIAL

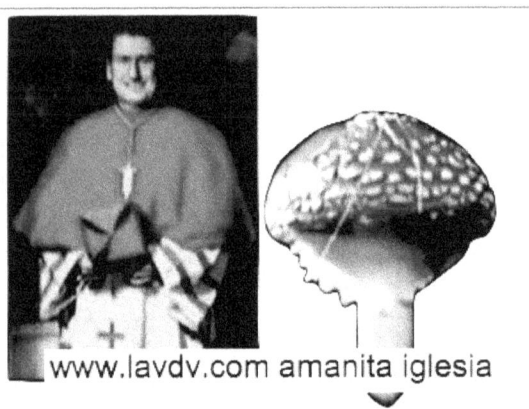

www.lavdv.com amanita iglesia

Describe cómo, hasta hace unos pocos cientos de años, los chamanes de las tradiciones más antiguas recolectaban Amanita Muscaria (seta agárica), la secaban y se la daban a su pueblo como regalo en el solsticio de invierno. Incluso describe cómo el chamán utilizaba a menudo una apertura en el tejado para dejar sus regalos, ya que la nieve de la región habría bloqueado la puerta -de ahí que Santa use las chimeneas. Los lugareños, por entonces dejaban sus botas y medias grandes a lado del fuego para que las setas se pudiesen secar mejor y permanecieran sin humedad.

Y, ¿por qué se viste Santa de rojo y blanco? La respuesta a esta pregunta está, una vez más, en las coloridas setas. la Amanita muscaria es reconocida por su sombrerillo rojo moteado de puntos blancos. Esto fue reproducido en el vestuario del chamán, que se vestía con telas rojas y blancas para indicar la importancia de los hongos durante la cosecha.

Incluso el colocar los regalos debajo del árbol tiene relación con estos coloridos hongos mágicos. James Arthur, en su libro de "Las setas y la Humanidad", describe cómo la colorida Amanita muscaria tiene una relación simbiótica con las plantas perennes, y a menudo se encuentra creciendo debajo de estas. Según Arthur, de aquí viene la tradición de meter plantas perennes en nuestros hogares y de colocar regalos de colores debajo de ellas - un homenaje a los hongos sagrados y a los espíritus con los que se comunicaban a través de ellos.

¿Porque los Renos Voladores como Rudolf? La idea del reno volador suena bastante inverosímil. No obstante es como viaja Papa Noel. Puede que no sea tan absurdo como parece. Los renos son nativos de Siberia y son muy comunes. Se ha documentado que buscan activamente hongos por sus propiedades psicodélicas.

Donald Pfister, un biólogo de la Universidad de Harvard, dice que es razonable que si tanto el chamán como sus renos estaban colocados o drogados, el chamán podía haber alucinado que los renos volaban - sobre todo si los renos también habían comido setas y se comportaban de manera errática.

Carl Ruck, un profesor de lenguas clásicas de la Universidad de Boston, también apoya esta teoría. Señala cómo el chamán utilizaría con frecuencia las setas mágicas y las alucinaciones que le inducirían a relacionarse con el espíritu de los animales, caminando con ellos en busca de una visión.

Indudablemente, el mismísimo San Nicolás es representado como un héroe y un hacedor de milagros, pero la siguiente buena obra en particular lo integra en la leyenda de Santa Claus.

"Había un noble que tenía tres hijas, y que había caído en tiempos difíciles. Como el noble no podía pagar sus dotes, sus hijas tenían pocas posibilidades de casarse; y entonces enfrentaron una vida de prostitución. San Nicolás se enteró de esto y, una noche, arrojó un saco de oro a través de una ventana del castillo del noble. El saco contenía suficiente oro para mantener el matrimonio de una hija. La noche siguiente arrojó otro saco de oro por la ventana para la segunda hija. Pero, en la tercera noche, la ventana estaba cerrada, por lo que San Nicolás dejó caer el tercer saco de oro por la chimenea. Al enterarse de esto, la gente del pueblo comenzó a colgar medias junto a la chimenea por la noche para recoger el oro que pudiera venirles".

En la superficie, el mito de San Nicolás parece haber una explicación plausible para el origen de Papa Noel, Father Christmas o Santa Claus, pero a medida que se profundiza se vuelve evidente que la leyenda de Santa Claus se remonta a mucho tiempo atrás anterior al San Nicolás de la iglesia católica romana, incluso antes de las tribus Koryak del círculo Ártico.

Por otro lado, cientos de tribus ancestrales tanto del norte de Europa como de otras latitudes han utilizado, el santo grial de las plantas. Los sami (también llamados los lapones) son los pueblos indígenas del extremo norte de Europa cuyo territorio abarca partes del norte de Suecia, Noruega, Finlandia y la península de Kola en Rusia.

SECRETOS DEL SANTO GRIAL

Este área se conoce comúnmente como Laponia. Los sami adoraban a los espíritus animales y dioses de la naturaleza y el hongo Amanita muscaria era el mayor sacramento entre los sami. La religión sami se conoce colectivamente como chamanismo. Como los sami eran expertos en renos, los granjeros sabían que a los renos les gustaban estos hongos y también sabían que consumir la orina de los renos les causaría visiones y alucinaciones, al tiempo que minimizarían los efectos tóxicos asociados con la ingestión de este hongo.

Los sami se dieron cuenta rápidamente, que el hongo podía inducir un estado de intrepidez, aumentar drásticamente el umbral de dolor, mejorar la fuerza, la agudeza mental, el reflejo y la ira, y eran conscientes de que este hongo podría usarse en la batalla.

Los sami fueron los primeros habitantes de la península escandinava y ocuparon los países nórdicos europeos de Noruega, Suecia y Finlandia durante miles de años antes de la llegada de las tribus germánicas que se establecieron y se mezclaron con los sami dando a luz a lo que ahora se conoce como la cultura vikinga.

A medida que la cultura vikinga y los sami se vincularon, los vikingos adoptaron muchas de las tradiciones y creencias de los sami y muchos historiadores creen que la clave de la mentalidad y espíritu de los guerreros vikingos fue la seta Amanita muscaria. La naturaleza salvaje y la mentalidad guerrera de los vikingos no tenían parangón en ningún otro lugar de Europa y esto les permitió a los vikingos invadir y conquistar muchas partes de la Europa occidental y costera.

Tribu koryak con tambor ceremonial, 1915. Después de su conquista, los vikingos se establecieron en muchas partes trayendo consigo sus creencias y tradiciones. Entre ellos estaba la leyenda de Santa Claus o el afrancesado Papá Noel – en español. Así es como la leyenda de Santa Claus recorrió su camino desde el norte de Escandinavia, también conocida como Laponia, hasta la Europa continental. La leyenda de Santa Claus no se originó en Laponia, aunque originalmente se extendió a los sami por las antiguas tribus Koyak de las estepas rusas centrales, que según los historiadores han ocupado el norte de Rusia durante 4.500 años.

Otra tribu "*muscariada*" por el santo grial sagrado del mundo vegetal fueron las tribus Koryak, personas originarias de los confines septentrionales y orientales de Rusia, y las pruebas indican que estas personas moraban en estas tierras circumpolares durante al menos 4.500 años y que estos son los predecesores de los sami y hasta de los inuit árticos del norte de Canadá que cruzaron la frontera del estrecho de Beiring directamente hace miles de años.

Al igual que los sami, la forma de religión de los koryaks se considera chamanismo y, a pesar de la persecución religiosa, los koryaks han conservado su religión y tradiciones hasta el día de hoy. Aunque los Koryak no tenían un lenguaje escrito, conservaron sus creencias y tradiciones a través del arte y la narración de cuentos- un tipo de tradición oral igual que los druidas europeos.

La gente koryak, como todos los indígenas de los territorios circumpolares en todo el mundo, se dividió en pequeñas tribus y vivió en pequeñas tribus en climas hostiles, como el norte de Siberia, lo que apunta a que el sentido de comunidad era esencial y todos tenían que participar. Por esta razón, todas las personas de la comunidad desempeñaban un papel esencial. Por esta razón, el chamán de la comunidad koryak era considerado un héroe y muchos antropólogos modernos especulan que este es el verdadero origen de Santa Claus.

chamán Yurt bebiendo orina de reno

Sus motivos para especular no se basan meramente en la tradición del chamán entregando regalos a la comunidad una vez al año, sino que se basan en una amplia gama de hechos, tradiciones y mitos que coinciden con la tradición navideña moderna.

Es curioso que el animal depredador de la Amanita Muscaria es el reno. Y los renos son autóctonos de Siberia y Laponia y, al igual que los samis, los koryaks eran hábiles domesticadores de renos. Las fuentes indican que las primeras personas descubrieron el efecto de la alteración de la mente y de anulación de la toxina al beber orina de reno por parte de los chamanes en la antigüedad. Los científicos modernos han descubierto que el hígado metaboliza casi todos los compuestos tóxicos presentes en el hongo Amanita, pero permite que el compuesto menos tóxico responsable de las alucinaciones pase por el cuerpo sin ser afectado.

Choza Yurt con accesos a la chimenea y tejado.

Por esta razón, hay altas concentraciones de compuestos alucinógenos presentes en la orina de renos, pero relativamente pocos compuestos tóxicos. Los científicos modernos han descubierto que el hígado metaboliza casi todos los compuestos tóxicos presentes en el hongo Amanita, pero permite que el compuesto menos tóxico responsable de las alucinaciones pase por el cuerpo sin ser molestado. Por esta razón, hay altas concentraciones de compuestos alucinógenos presentes en la orina de renos, pero relativamente pocos compuestos tóxicos.

Los koryak vivían en una tosca estructura de madera llamada yurtas, que durante el invierno se asemejaban a los iglúes. En invierno, estas yurtas eran hospedajes temporales de los chamanes Yurt en donde las puertas, a veces, estaban bloqueadas por la nieve y el hielo y tenían que entrar por el tejado o por el agujero de la chimenea para beber la orina de reno. Esta es una posible explicación del origen de la idea de que Santa llegue por la chimenea.

SECRETOS DEL SANTO GRIAL

Aunque el chamán no tenía otra alternativa, los renos le proporcionaban un excelente medio de transporte debido principalmente al hecho de que, dado que comían estos hongos, no se cansaban fácilmente. El reno también proporcionó al chamán un medio para entrar en estados de alterados consciencia que eran necesarios para soportar el frío y el hambre y completar su misión. Es probable que debido a esto, se originara la idea de Santa Claus volando con sus renos mágicos.

Esta seta, la amanita muscaria, prevalece en las creencias religiosas de las tribus Koryak y se considera un regalo de Dios. Estos hongos requieren nutrientes específicos que solo pueden ser provistos por las raíces de ciertos árboles de hoja perenne, como los pinos.

Por esta razón, este hongo depende de los árboles para sobrevivir, pero en lugar de formar una relación parasitaria con el árbol, forma una relación simbiótica al desbloquear ciertos nutrientes en el suelo, lo que les permite ser absorbidos por las raíces del árbol. Estos hongos aparecen una vez al año en la época navideña y debido a su rápido crecimiento aparecen durante la noche. La gente de Koryak estaba fascinada con esto y consideraba que estos hongos eran regalos de Dios. Algunos antropólogos e historiadores especulan que este es el origen de la tradición de colocar los regalos debajo de un árbol de hoja perenne en Nochebuena.

También se sabe que para que el chamán reduzca el peso de su carga, colgaría los champiñones recién recogidos en los árboles para que se secan. Esto decoraría los árboles muy bien y para el chamán que estaba regularmente bajo la influencia del hongo esto sería todo un espectáculo. Esta es una teoría plausible para el origen de la tradición de decorar el árbol de navidad.

Las representaciones del chamán Koryak ofrecen una explicación más plausible del origen de Papá Noel. Es muy posible que la leyenda del chamán de Navidad se extendiera desde la zona más septentrional y oriental de Siberia hasta las tribus sami que ocupaban la península escandinava. Los sami le pasaron la leyenda a los vikingos de Escandinavia del Sur, que trajeron consigo la leyenda sobre sus campañas de saqueo y pillaje en la Europa continental.

CAPÍTULO XI
DESCIFRANDO EL CÓDIGO DE LAS SETAS

«LOS AMORES SON COMO LAS SETAS, QUE NO SABE UNO SI SON VENENOSAS HASTA QUE YA LAS HA COMIDO Y ES DEMASIADO TARDE...»
—TRISTAN BERNARD (1866-1947)

El siguiente capitulo es parte de la investigación que presenta evidencia visual de que tanto el hongo alucinógeno Amanita muscaria como el hongo psilocibina fueron venerados como si fueran dioses en el mundo antiguo en todo el globo. Estos hongos sagrados fueron tan hábilmente codificados en el arte religioso del Viejo y el Nuevo Mundo, *"Ocultos a plena vista"*, que antes de este estudio virtualmente escapaban a la detección.

Tanto la seta alucinógena Amanita muscaria, también conocida como mata moscas, o seta de psilocibina, se debaten en relación con su veneración en Mesoamérica y sus asociaciones con el sacrificio del inframundo y el planeta Venus. Los primeros hongos utilizados fueron Amanita muscaria y, en los últimos tiempos, especies de Psilocybe. El uso del anterior es un patrimonio de Siberia, donde este hongo tiene una historia muy remota. El uso de varias especies de psilocibina se hizo común en Mesoamérica durante el período Postclásico debido a la escasez y el rango limitado de la Amanita muscaria. La adoración de ambas especies de hongos se discute en relación con su asociación con el planeta Venus, el Sol, el dios Quetzalcoatl, sus homólogos mesoamericanos, y sus numerosos avatares. También se expone en este capítulo la relación entre los hongos divinos y deportes como con el juego de pelota, la guerra y el sacrificio humano. También desarrollamos el paralelismo entre el uso, la veneración y la representación de hongos sagrados en la cultura mesoamericana y el culto a Soma en Asia.

Mi estudio, se inspiró en una teoría propuesta por primera vez hace más de 50 años por el difunto arqueólogo maya Stephan F. de Borhegyi, más conocido simplemente como Borhegyi. Su investigación lo llevó a creer que los rituales de hongos alucinógenos eran un aspecto central de la religión maya.

(Fotografía de piedras de hongos mayas del Dr. Richard Rose, reproducida de Stamets, 1996)

Borhegyi basó su teoría en su identificación de un culto de hongos en piedra que comenzó a existir en las tierras altas de Guatemala y el área costera del Pacífico alrededor de 1000 aC junto con un culto a la cabeza como un trofeo asociado con el sacrificio humano y el juego de la pelota mesoamericano. Apoyó esta teoría con un sólida evidencia arqueológica e histórica, gran parte de ella basada en el descubrimiento de una serie de pequeñas figuras de piedra talladas en forma de setas, como se ilustra arriba ...

COLIN RIVAS 241
Soma in the Americas

Estamos, por lo tanto, presentando evidencia innegable en exclusiva visual de la existencia *"Oculta a plena vista"* de la centralidad de las sustancias alucinógenas, y en particular dos variedades de hongos alucinógenos, en la religión y la iconografía maya. Los dos hongos más ilustrados fueron el hongo Amanita muscaria y la psilocibina.

Arriba a la izquierda, *"oculto a la vista"*, la máscara cerámica precolombina representa la transformación de un ser humano en un "ser-jaguar", una deidad mitad humana, mitad jaguar descrita y nombrada por primera vez en 1955 por el arqueólogo Matthew W. Stirling. El lobo-jaguar aparece en el arte de los antiguos olmecas ya en 1200 a. C. Creo que esta máscara simboliza el viaje del alma al inframundo, donde se someterá a la decapitación ritual, la transformación del jaguar y la resurrección espiritual.

Una seta de Amanita muscaria (muestra real que se muestra en la foto de la derecha) está codificada en la cabeza y la nariz del lado humano, mientras que la mitad izquierda de la máscara representa el efecto de la seta Amanita como resultado de la transformación hombre-jaguar. El ser-jaguar finalmente llegó a ser adorado y venerado en toda América Central y del Sur. El historiador de arte mexicano, Miguel Covarrubias, demostró que las imágenes posteriores de Quetzalcóatl, serpientes emplumadas y dioses de la lluvia como el dios mexicano Tláloc derivaban del jaguar de los olmecas asociado con el sacrificio y el inframundo (Miller y Taube, 1993: 185)

(foto arriba del Prof. Gian Carlo Bojani Director del Museo Internacional de Cerámica en Faenza, Italia) (Foto de Amanita muscaria por Richard Fortey)

Creo que la clave de todo este sistema de creencias radica, tal como lo propuso el etnomiólogo fallecido, Robert Gordon Wasson, en el descubrimiento del hombre primitivo de los efectos alucinógenos de varias sustancias alucinatorias. La ingestión accidental de estas sustancias alucinógenas podría haber proporcionado la chispa que elevó la mente y la imaginación de estos primeros humanos más allá del nivel mundano de la existencia diaria para la contemplación de otra realidad.

Arriba, en la imagen, efigie de un barbudo en un hongo, de piedra de Guatemala, y a la derecha con el mismo diseño, en la oreja de estatua moai de la isla de pascua, Chile. Mayas y Moais de la Isla de Pascua comparten los mismos diseños e incluso de oreja y nariz.

  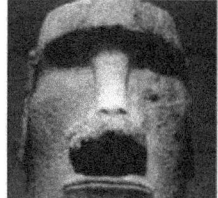 

He encontrado una abundancia de evidencia arqueológica que apoya la propuesta de que Mesoamérica, las altas culturas de América del Sur y la Isla de Pascua compartieron, junto con muchas otras culturas del Nuevo Mundo, elementos de un sistema de creencias panamericanas tan antiguo que muchas de las ideas pueden tener Venir de Asia al Nuevo Mundo con los primeros humanos.

SECRETOS DEL SANTO GRIAL 244

Las culturas antiguas de los nahuas y los mayas desarrollaron ideologías y mitologías similares de las mismas raíces olmecas (una civilización desconocida pero que en anteriores libros hemos teorizado por su forma y caras eran provenientes de África). El ritual de las setas sagradas compartido por estas culturas tenía la intención, creo, de establecer una comunicación directa entre la Tierra y el Cielo (cielo) para unir al hombre con Dios. Como se dice en el Popol Vuh, el libro sagrado de los antiguos mayas quiché, el dios del sol de los mayas, Kinich Ajaw, y su equivalente azteca, Huitzilopochtli, se extinguirían en el inframundo si no se nutrieran con la sangre de los corazones humanos.

La esencia de Quetzalcóatl en el mundo como héroe cultural fue establecer esta comunicación. Quetzalcóatl enseñó que la humanidad debe comer el hongo sagrado y hacer sacrificios de sangre para alcanzar la inmortalidad. (esto es muy similar a lo que postula John Allegro al otro lado del globo en Sumeria por los dioses solares sumerios y su culto alucinógeno, incluido sectas de comienzo del primer milenio como los cristianos, los musulmanes y los judíos). Borhegyi, emigró a los Estados Unidos desde Hungría devastada por la guerra en 1948. Aunque recientemente se había graduado con un PhD. Licenciado en Egiptología, Arqueología Clásica y Cristiana Temprana de la Universidad Peter Pazmany en Budapest, eligió abrir nuevos campos de esfuerzo en la arqueología del Nuevo Mundo. Para su gran fortuna, fue tomado bajo el ala del Dr. Alfred Vincent Kidder, uno de los grandes pioneros en la arqueología del Nuevo Mundo.

A través del Dr. Kidder y la Institución Carnegie de Washington, con la que Kidder estaba afiliado, Borhegyi obtuvo una subvención del Fondo Viking (más tarde conocido como Fundación Wenner-Gren) para catalogar las extensas colecciones de artefactos almacenadas en el sótano del Nacional de Guatemala. Museo. Mientras trabajaba en estas colecciones, se encontró con una serie de pequeñas efigies de piedra tallada, no testeadas anteriormente, que se parecían a las setas a tal punto que se las llamaba *"piedras de hongos"*.

En ese momento, sin embargo, nadie pensó seriamente que representaban verdaderos hongos. Algunas de las pequeñas esculturas en forma de hongo eran sencillas y realistas, otras estaban adornadas con efigies humanas y de animales. Mientras que solo unos pocos fueron encontrados en el curso de la investigación arqueológica, había suficiente evidencia en especímenes excavados por arqueólogos que trabajaban con el equipo de investigación de la Institución Carnegie de Washington para permitir a Borhegyi clasificarlos y fecharlos tipológicamente. La mayoría habían sido encontradas en Guatemala en las tierras altas o en el Piedmont del Pacífico: áreas mayas a lo largo de la cordillera intercontinental que fueron fuertemente influenciadas en la época del Preclásico por la poderosa cultura olmeca (Borhegyi, 1957, 1959, 1961, 1963)

Borhegyi encontró las figuras tan intrigantes que preparó una monografía para someterla a las "Notas sobre la arqueología y la etnología de los Estados Unidos" de C.I.W. Antes de enviarlo, sin embargo, lo envió para ser criticado por el arqueólogo Gordon Ekholm en el Museo Americano de Historia Natural. Ekholm, a su vez, se lo mostró a su amigo R. Gordon Wasson, un micólogo aficionado que estaba buscando evidencia arqueológica de antiguos ritos alucinógenos de hongos en Mesoamérica. Wasson escribió a Borhegyi y en cuestión de meses los dos se embarcaron en lo que se convirtió en una colaboración intensa y fructífera que duró hasta el final de la vida trágicamente corta de Borhegyi.

En 1957 Wasson incluyó la monografía de hongos y setas en piedra de Borhegyi como una adición en su monumental libro **Mushrooms, Russia and History.** En la monografía, Borhegyi identificó la existencia de un antiguo culto de hongos en piedra que podría haber comenzado ya en el año 1000 a.C.E. y duró hasta 900 C. E. Se dio cuenta, que muchas de las piedras de hongos, especialmente las que datan entre 1000 aC.E. y 100 C.E. representaban imágenes de sapos, así como de serpientes, pájaros, jaguares, monos y humanos. La mayoría de las imágenes parecían emerger del tallo del hongo (Wasson y Wasson, 1957, Borhegyi de, S.F., 1957b).

<<AL EXAMINAR ESTOS ARTEFACTOS DE HONGOS DEBEMOS TENER EN CUENTA QUE NO FUERON HECHOS PARA NUESTRA ILUMINACIÓN. ERAN TAQUIGRAFÍA ICÓNICA QUE RESUMÍA TODO UN CONJUNTO DE ASOCIACIONES, CUALESQUIERA QUE FUERAN ESAS ASOCIACIONES. LA CRUZ CRISTIANA SE ENCUENTRA EN FORMAS INFINITAS, INCLUIDA LA "CRUZ EFIGIE" O CRUCIFIJO, Y TODO SE REDUCE A UN COMPLEJO DE EMOCIONES, CREENCIAS Y ANHELOS RELIGIOSOS. EL CRUCIFIJO REVELARÍA A UN ARQUEÓLOGO EONES POR LO TANTO MÁS QUE, POR EJEMPLO, UNA CRUZ DE MALTA. ENTONCES, CON LAS PIEDRAS DE HONGOS, EL TEMA DE LAS EFIGIES ENCIERRA EL SECRETO...>>
—ETNOMICÓLOGO ROBERT GORDON WASSON

Algunas de las primeras piedras de hongos en Mesoamérica que datan de la época de los olmecas 1200 aC a 400 aC, llevan imágenes de sapos o ranas talladas en su base. El descubrimiento de numerosos huesos de sapo en entierros olmecas en San Lorenzo sugiere que los olmecas pudieron haber usado otras sustancias que alteran la mente, como la toxina alucinógena del sapo, en diversas prácticas rituales (Coe, 1994: 69; Furst, 1990: 28; Grube, 2001: 294). Ciertos sapos descartan una toxina de la piel cuando se tocan, que se puede secar y se puede fumar o tomar por vía oral (Eva Hopman, 2008).

Arriba tenemos una piedra de hongos Tipo C (Borhegyi de, S.F., 1957b.), Que representa un hongo (seta), que emerge de la boca de un sapo volcado. La fallecida historiadora del arte maya Tatiana Proskouriakoff demostró que en los jeroglíficos mayas el sapo invertido representa el símbolo del renacimiento (Coe, 1993: 196)

Gordon Wasson fue el primero en atraer la atención hacia la omnipresencia del sapo o los reptiles y su asociación con el término **toadstool**, con hongos intoxicantes o venenosos en Europa. Wasson se dio cuenta de la recurrencia en todo el hemisferio norte de una deidad del sapo o reptiles asociada con el hongo enteogénico (Wasson 1980, p.184-185).

La evidencia histórica llamó la atención de Borhegyi a través de su extensa correspondencia con Wasson. Wasson lo señaló hacia los informes sobre el uso ritual de hongos alucinógenos entre los aztecas en varias crónicas españolas escritas poco después de la conquista española. Wasson también lo dirigió hacia informes de la existencia del uso ritual moderno de hongos alucinógenos en varias partes de México y, en particular, entre los indios mazatecos de Oaxaca. Juntos, Borhegyi y Wasson conjeturaron que: si las piedras de hongo representaban, de hecho, un culto a las setas, entonces el hongo en sí era una metáfora iconográfica, y las efigies de piedra de hongos podrían proporcionar las pistas necesarias para descifrar su significado.

Existe amplia evidencia de que el culto a la piedra de hongos duró hasta la Era Colonial. Según el testimonio registrado en 1554 en el documento Colonial titulado El Título de Totonicapán (Título de la tierra de Totonicapán), los Quiché Maya veneraban las piedras de seta como símbolos de poder y regencia, y antes de ellas realizaban rituales (de sacrificio de sangre) para perforar y cortar sus cuerpos. (Sachse, 2001, 186). Las setas por tanto habían sido el santo grial no solo de Europa, Eurasia y el medio oriente sino también de América. Es curioso que antes de que arribaran los conquistadores, América central era conocida por sus nativos como la tierra de Amaraka, o de las serpientes emplumadas.

"Los señores usaron estos símbolos de gobierno, que provenían de donde sale el sol, para perforar y cortar sus cuerpos (para el sacrificio de sangre). Había nueve piedras de hongos para el Ajpop y el Ajpop Q'amja, y en cada caso cuatro, tres, dos y un bastón con plumas de Quetzal y plumas verdes, junto con guirnaldas, las piedras preciosas Chalchihuites, con la mandíbula inferior caída y el haz de fuego para el baño de vapor de Temazcal ".

Borhegyi notó la importancia del número nueve, con una ofrenda en caché de nueve piedras de hongo en miniatura, del cementerio de verbena en **Kaminaljuyu Guatemala**, y un **grupo de nueve deidades** que eran los nueve señores de la noche y dioses del inframundo (de Borhegyi , SF 1961 p.501)

la Eneida egipcia y sus 9 dioses principales

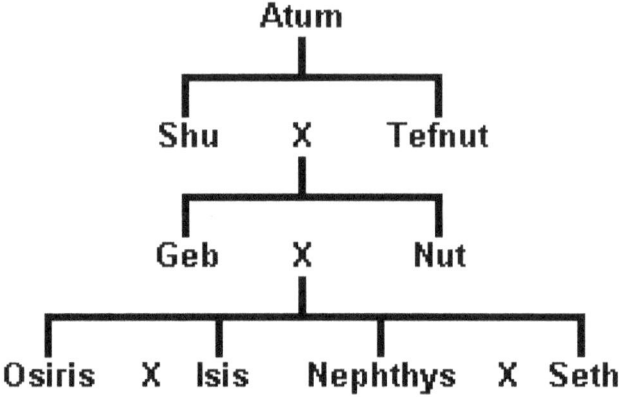

Esto es muy curioso ya que en la mitología egipcia y sabemos que los egipcios consumían plantas enteogenicas y alucinatorias, la Eneida es la misma. Las nueve piedras de hongos en miniatura de la colección Nottebohm, representadas arriba, todas tienen un surco circular alrededor de la base de la tapa, y son del período Preclásico anterior y posterior (1000 a. C.-A.D. 200).

El difunto arqueólogo y epigrafista David H. Kelley, señaló la similitud entre el calendario mesoamericano y las mansiones lunares hindúes. Vio la semejanza entre el ciclo mesoamericano de los Nueve Señores de la Noche, la semana planetaria hindú de nueve días, y notó la creencia paralela de cuatro eras del mundo anteriores y su destrucción cataclísmica (Susan Milbrath 1999, p.292).

Desafortunadamente para los investigadores, el trabajo de Kelley a menudo fue criticado e ignorado por su insistencia en continuar sus estudios de contactos culturales de largo alcance a través de viajes transatlánticos y transatlánticos. Kelley también notó las sorprendentes similitudes entre los estilos decorativos de Chow posterior de China de 700-200 A.C.E. y los de la cultura El Tajin de Veracruz, México, de A.D. 500-1000 (Stephen C. Jett 1971, p.44) (Heine-Geldern, 1959a).

En Mesoamérica, los Nueve Señores de la Noche, fueron los responsables de guiar al Sol, al inframundo para ser sacrificados mediante la decapitación ritual y renacer de nuevo como el bebé jaguar, el Dios Sol recién nacido. La palabra K'uh en glifos mayas clásicos fue asignada al dios mono y en glifos mayas su perfil de mono se usó para describir una palabra "santa" o "sagrada" que se refiere a "divinidad" o "dios" (Coe 2001: 109).

En su libro de 1957, Wasson nos informa sobre el consumo ritual del hongo Amanita muscaria entre los pueblos de Siberia y el norte de Asia, lo que sugiere la posible antigüedad del culto de los hongos en los tiempos mas ancestrales de la Edad de Piedra. De acuerdo con Wasson ...

"Por supuesto, se puede argumentar que las dos grandes tradiciones de hongos, la de los Nuevos Mundo Indios y la de los pueblos de Eurasia, históricamente no están conectadas y son autónomas, surgiendo espontáneamente en las dos regiones de requisitos similares de la psique humana y otros ambientales similares. oportunidades. Pero, ¿realmente no están relacionadas?"

"Hay pocas dudas de que la sustancia llamada Soma en el Rig Veda ha sido identificada como el hongo Amanita Muscaria".

"Si es así de antigua, también ayudaría a explicar por qué el mismo lei motiv se encuentra en una forma sorprendentemente similar en el arte maya, así como en la tradición chamánica y el ritual de otros pueblos indígenas del Nuevo Mundo".

Según Wasson, el término chamán no es originario de Mesoamérica o incluso del Nuevo Mundo sino que deriva de las lenguas de Siberia. El chamanismo siberiano incorpora trances extáticos provocados por un ritual de danza y la inducción de alucinaciones, más comúnmente a través del consumo de alguna sustancia alucinógena. La intención era abrir la comunicación directamente con el mundo espiritual, a menudo a través de una forma de transformación animal.

La adoración de los compañeros del espíritu animal y el concepto de transformación humano-animal es tan antigua, que los orígenes de estas creencias parecen ser anteriores al desarrollo de la agricultura. Dado que estas creencias también están presentes en toda América del Norte y del Sur, es muy posible que hayan sido traídas por los primeros cazadores y recolectores para llegar al Nuevo Mundo. Encontramos las primeras evidencias de estos rituales chamánicos en Mesoamérica en el arte de los antiguos olmecas junto con el desarrollo de la agricultura, la producción de alimentos y la vida en el pueblo.

En 1969, Borhegyi murió en un accidente automovilístico. Wasson, que ya no pudo continuar su fructífera colaboración con Borhegyi en Mesoamérica, continuó sus estudios anteriores sobre hongos de la religión y mitología de las Indias Orientales. Mientras que en esta época muchos antropólogos y arqueólogos habían aceptado la idea de que hongos y otros alucinógenos eran usados en la antigua Mesoamérica, su uso fue, en la mayoría de los casos, descartado como relativamente incidental y carente de un significado más profundo en el desarrollo de las ideas y mitologías religiosas mesoamericanas.

Con algunas excepciones, especialmente la investigación y las escrituras del etnoarqueólogo Peter Furst, la investigación adicional sobre el tema por parte de los arqueólogos se detuvo en forma virtual. Afortunadamente, algunos micólogos, especialmente Bernard Lowy y Gaston Guzmán (2002: 4; 2009), continuaron a través de los años para hacer contribuciones importantes a la literatura científica. Hasta el día de hoy. El tema permanece relativamente poco conocido y generalmente falta en la literatura sobre arqueología mesoamericana, historia del arte e iconografía.

Arriba están las figurillas de fertilidad masculinas y femeninas de la cultura Zacatecas del occidente de México que datan en el siglo II EC. Propongo que el artista haya codificado el hongo Amanita muscaria en la cabeza de la figurilla masculina de la izquierda y en los pechos de la figurilla femenina de la derecha. (La fotografía de la izquierda es de http://realhistoryww.com/ y la fotografía a la derecha es de Flicker, fotografiada en el Museo de Bellas Artes de Young, San Francisco, California).

figuritas del Clásico posterior de Tenenexpan, México en el Estado de Veracruz. En 1651, el médico del Rey de España, el Dr. Francisco Hernández, escribió una guía para los misioneros en las colonias españolas, Historia de las Plantas de Nueva España. En él, declaró que había tres tipos de hongos narcóticos que eran adorados. Uno de la risa o el sexo, uno de las guerras y otro de semejanzas a demonios

SECRETOS DEL SANTO GRIAL 262

El dios inspirado por los hongos Tlaloc se puede identificar fácilmente por sus característicos ojos con guiños, colmillos felinos y bigotes. Aquellos que murieron por Tlaloc o estuvieron bajo su atenta mirada, fueron directamente a su paraíso divino llamado Tlalocan. También conocido como "El Maestro", Tlaloc, un dios inspirado por las setas, compartió el mismo templo que Quetzalcóatl en la gran ciudad de Teotihuacan, y como dios de la lluvia y del aligeramiento, Tláloc proporcionó el sustento necesario para la vida eterna (setas) a cambio de el derramamiento de sangre humana en la tierra.

Fig. 4

La idea de los paraguas, definitivamente viene de las setas, como no. Los aztecas llamaban a su hongo divino, teonanacatl, que significa *"carne de Dios",* igual que el maná de los hebreos y las sectas esenias del mar muerto y del desierto de Quram.

SECRETOS DEL SANTO GRIAL 264

«HEMOS BEBIDO EL SOMA Y NOS HEMOS VUELTO INMORTALES, HEMOS ALCANZADO LA LUZ Y HEMOS ENCONTRADO A LOS DIOSES...»
— RIG VEDA, 8.XLVIII.3 TEXTO HINDÚ

Los cálices o copas sagradas, como vemos en la foto arriba no son exclusivas al cristianismo o la religión europea o del medio este, ni tienen que ver nada con José de Arimatea recogiendo la gotas de sangre de Cristo en la cruz, sino a un culto muy antiguo y casi prehistórico en las cuatro esquinas del globo que recogía las gotas del padre y el fruto de la madre tierra y su cáliz la Amanita Muscaria. La foto, muestra una copa o quemador de incienso precolombino (¿tolteca?) Del centro de México codifica los hongos Amanita muscaria como las "lágrimas legendarias de Quetzalcóatl" (el Jesús mexicano). Ten en cuenta también que el pergamino en la parte inferior del incensario repite una forma de gancho que se ha llegado a creer que es el símbolo de una religión basada en setas y la adoración del planeta Venus.

SECRETOS DEL SANTO GRIAL

La figurita de futbolista ancestral azteca femenina de pie que se muestra lleva un casco y un guante de juego de pelota y un cinturón inspirado por las setas. Los hongos sagrados probablemente se consumían antes de entrar en la batalla y antes del juego de pelota ritual, mejorando la visión y la fuerza de uno, así como la valentía a sus niveles más salvajes. Una especie de doping ancestral.

Arriba una réplica de piedra de setas, junto con un receptáculo de reptiles de piedra del Preclásico de Highland Guatemala en la colección de la familia de Borhegyi (Foto de Cory de Borhegyi)

Cristo en (Ap 22:16) dice: *"Yo soy…la estrella resplandeciente de la mañana o el lucero del alba…"* (¿¿¿venus????) Curiosamente, muchas de las imágenes aztecas y mayas tienen que ver con esta cita crística de los evangelios y rituales de auto sacrificio y decapitación en el Inframundo, aludiendo a la muerte nocturna del sol y posterior resurrección del Inframundo por un par de deidades asociadas con el planeta Venus como el astro de la Estrella de la Mañana y de la Tarde. Este aspecto dual de Venus es la razón por la cual Venus fue venerada como Dios de la Vida y la Muerte.

Se decía que (**_El Título de los Señores de Totonicapán,_** 1953, tercera impresión 1974, p.184), ellos [los Quiché] dieron gracias al sol, la luna y las estrellas, pero particularmente a la estrella que proclama el día, el día. -bordador, refiriéndose a Venus como la estrella de la mañana.

Los hongos estuvieron tan estrechamente asociados con la muerte y la transformación del jaguar del inframundo y la resurrección de Venus, que concluyo que deben haber sido considerados como el vehículo por el cual ambos ocurrieron.

También están tan estrechamente asociados con la decapitación ritual, que su ingestión puede haber sido considerada esencial para el ritual en sí, ya sea en la vida real o simbólicamente en el inframundo. También es importante tener en cuenta que en muchos casos las imágenes de los hongos parecían estar asociadas con los finales del período en el calendario Maya.

Uno de los cronistas españoles más renombrados, Fray Diego Durán, escribió en sus Historias de la Nueva España (1537? 1588) que sus escritos probablemente no se publicarían porque muchos de sus contemporáneos temían que revivirían antiguas costumbres y ritos entre los indios. Agregó que "(ellos) eran bastante buenos para preservar secretamente sus costumbres".

*Gracias por tu corazón, pero ya tengo uno ... ¿ves?"...*Cuanto más cambiamos, más de lo mismo. *"No hay nada nuevo bajo el sol".* Personalmente, creo que los Aztecas no se andaban con rodeos. Ellos preferían dar el corazón de alguien al Señor!

Durán menciona que la palabra para sacrificio, nextlaoaliztli, en el idioma náhuatl de los aztecas, significaba "pago" o el acto de pago. Él escribe que a los niños pequeños se les enseñó que la muerte con el cuchillo de obsidiana era una manera honorable de morir, tan honorable como morir en la batalla o que una madre y un niño mueran en el parto. A los que fueron sacrificados con el cuchillo de obsidiana se les aseguró un lugar en Omeyocan, el paraíso del sol, la otra vida.

El dibujo de arriba es del panel de relieve tallado de las paredes laterales verticales del sur del campo de pelota o futbol azteca en El Tajín, en Veracruz, México. Ten en cuenta lo que propongo son hongos codificados que brotan del Árbol de la Vida en ambas escenas de la creación. (dibujos de M.E. Kampen "Grotescos del Veracruz clásico e iconografía sacrificial")

Se ve a ciervos con los mayas y vemos la relación del ciervo o alce de Escandinavia y Europa y la amanita muscaria en los relieves de Mesoamérica también. El uso ritual de enemas intoxicantes para la transformación espiritual se ha descrito en los primeros relatos españoles de costumbres nativas. Este uso ritual de enemas, aunque no se entiende bien, se representa comúnmente en pinturas de vasijas mayas. Se han descubierto pinturas de vasijas mayas que muestran claramente que los hongos no solo se ingerían por vía oral, sino también mediante enemas.

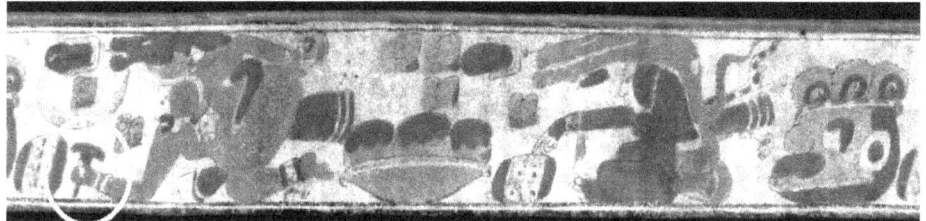

Se agacha sobre una rodilla y sostiene una seta de Amanita muscaria en una mano y un aparato de enema en la otra.

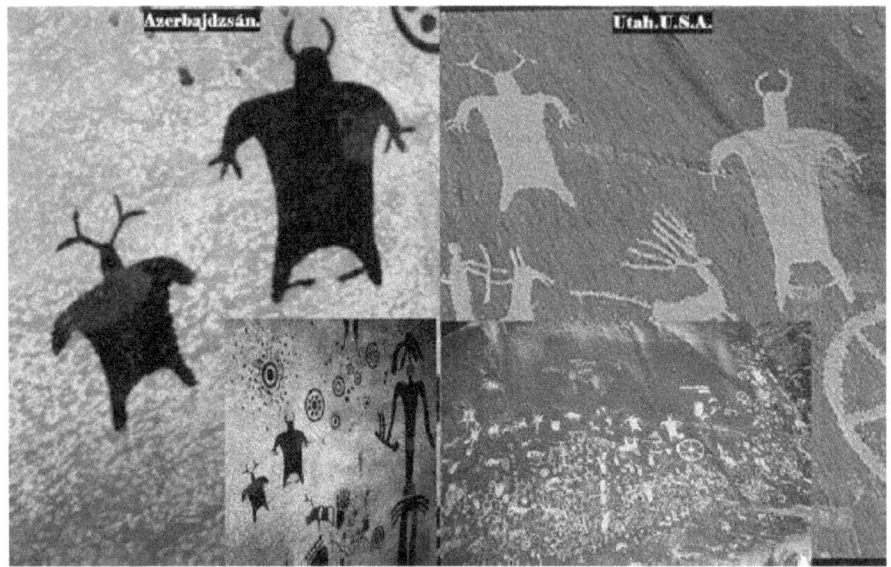

Petroglifos de chamanes con astas de cuernos de Azerbaiyán a la izquierda y petroglifos casi idénticos de chamanes con cuernos y astas a la derecha de América del Norte (collage de petroglifos por el Laboratorio de Historia Alternativa).

El chamanismo incorpora trances extáticos provocados por un ritual de baile y la inducción de alucinaciones, más comúnmente a través del consumo de hongos como la Amanita muscaria. La intención era abrir la comunicación directamente con el mundo espiritual, a menudo a través de una forma de transformación animal. Tanto en Siberia como en Mesoamérica, el hongo divino habla a través de la voz del chamán (Wasson 1980, p.52). Hasta el día de hoy, los chamanes siberianos codifican el rojo brillante con manchas blancas, los colores del hongo Amanita muscaria en su atuendo ceremonial. (arriba Tatina el chamán Evensk de Kamchatka).

SECRETOS DEL SANTO GRIAL 274

Los murales Lukhang de la India antigua representan escenas que pueden representar la adoración de hongo Amanita muscaria (Soma?). Los Vedas mencionan repetidamente que Soma crece alto en las montañas. Todos los chamanes anteriores o sacerdotes usan ropas que creo que están codificadas con los colores del hongo Amanita muscaria.

"La pequeña seta roja con lunares blancos aparece con frecuencia en los cuentos populares húngaros, generalmente en relación con pequeños enanos que viven debajo de ellos" (carta de Borhegyi a Wasson el 29 de abril de 1953, archivos de Wasson, Universidad de Harvard)

Arriba hay ejemplos en los que la Flor de lis de las familias reales de Europa y el hongo de la psilocibina están codificados esotéricamente en el Árbol de la vida del antiguo arte persa. Ten en cuenta que en el mundo antiguo, el felino también estaba asociado con el Árbol de la Vida.

Arriba hay una copa sagrada para beber precolombino que codifica la fruta (champiñones u hongos) del legendario Árbol de la Vida, hongos sagrados encubiertamente estilizados. Fuente: Museo Metropolitano 1978.

SECRETOS DEL SANTO GRIAL 278

¿Sombrilla (paraguas) o seta codificada?

El erudito del Mar Muerto, John Marco Allegro, escribió un estudio controvertido pero estimulante de los rituales de hongos psicotrópicos en los primeros judeocristianos (1971). Allegro en su libro titulado **"_El hongo sagrado y la cruz_",** propone fuertemente la posibilidad de que la tradición judeocristiana contemporánea se remonta a los cultos primitivos de fertilidad asociados con la adoración de la mosca agárico o hongo Amanita muscaria (Bernard Lowy, 1971. Nuevos registros de piedras de setas de Guatemala). Allegro, un erudito educado en Oxford, fue asignado para descifrar los **manuscritos** del Mar Muerto encontrados en Qumran en 1947. Allegro postulaba que los autores de los **manuscritos** del Mar Muerto, conocidos como los Esenios, consumían religiosamente hongos alucinógenos, específicamente el hongo Amanita muscaria en sus rituales. Allegro conjeturó que el hongo Amanita muscaria era el sacramento original de la eucaristía, que formó la base de las primeras doctrinas cristianas, incluida la vida, la muerte y la resurrección de Jesucristo.

Imágenes de hongos y setas codificadas en mosaicos en la Basílica de la Natividad de Belén, encargadas por Constantino el Grande y su madre Helena, construidas alrededor del año 350 d. C. sobre una cueva que los cristianos creen que marca el lugar de nacimiento de Jesús.

Los Tres Reyes Magos del Manuscrito Iluminado Románico, El Salterio de St. Albans A.D. 1140. Ten en cuenta que la pintura de los 3 Reyes Magos, encubiertamente representa lo que creo que son hongos codificados en el árbol de la izquierda coronado por un símbolo de Flor de Lis.

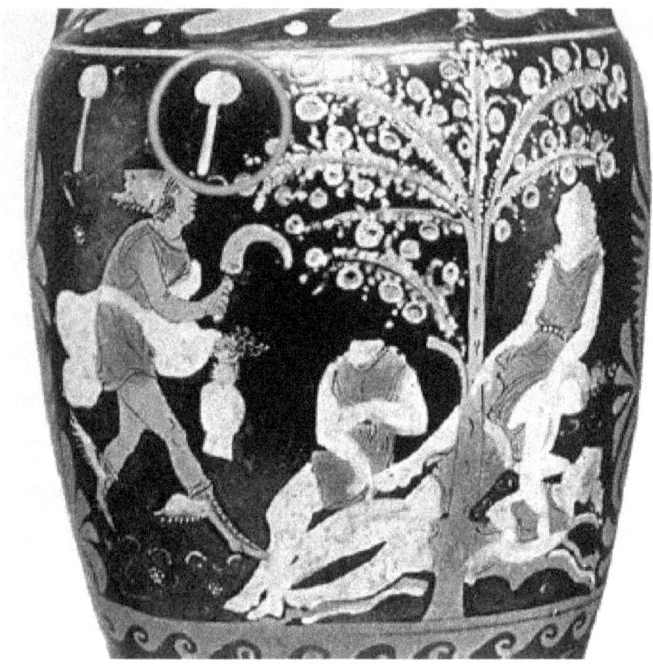

Arriba una vasija griega antigua que representa una escena de decapitación al pie del Árbol de la Vida. Ten en cuenta cuáles son los hongos codificados por el artista en la esquina superior izquierda de esta escena esotérica.

Arriba está una imagen reproducida de un sello cilíndrico sumerio, 3er milenio AEC, que representa la decapitación de la deidad sumeria Humbaba, *"Guardián del bosque de pinos / cedros"*. La escena es de la Épica de Gilgamesh, en la cual la deidad guardiana de Dios, Humbaba, es decapitada por Enkidu y Gilgamesh. Es mi creencia que el artista sumerio que talló este sello cilíndrico codifica el fruto secreto de la inmortalidad, al cual Enkidu y Gilgamesh buscan, como un hongo divino, codificado en los pies de la deidad Humbaba.

SECRETOS DEL SANTO GRIAL

Arriba un mural que representa una escena bíblica de decapitación en el Árbol de la Vida. Observa la Flor de lis codificada en el Árbol de la Vida en la primera imagen, y lo que creo que son 3 hongos codificados en la túnica de Abraham en la imagen inferior, como un símbolo esotérico de la resurrección divina, y una Santísima Trinidad.

Citando al erudito John M. Allegro ... *"Todos los caminos en el Cercano Oriente llevan a la cuenca mesopotámica, a la antigua Sumeria. Del mismo modo, las más importantes de las religiones y mitologías de esa área, y probablemente mucho más allá, son remontándose al culto de los hongos de Sumer y sus sucesores egipcios "*

Arriba, la necrópolis etrusca de Monterozzi en Tarquinia, Italia (1000-750 aC)

Arriba piedras en forma de hongo, muchas de las cuales parecen ser decapitadas ritualmente en las ruinas incas de Chucuito en Perú, América del Sur. (fotografía de derechos de autor Keya Nador Judit)

Arriba hay una estela del Museo de Burgos en España que representa el Árbol del Mundo estilizado para representar el símbolo de la Flor de Lis. Tenga en cuenta lo que pueden ser dos gorros de hongo Amanita muscaria codificados debajo del Árbol del Conocimiento que simboliza el fruto de la vida eterna.

formas de amanita y hongos en la entrada este a la Basílica de San Vicente, en Ávila, España.

Entrada de Cristo en Jerusalén (fresco), Escuela francesa, (siglo XII) / Iglesia de San Martín, Vic, Berry, Francia. Observa los hongos en la parte superior derecha del fresco que emerge de una flor de lis.

SECRETOS DEL SANTO GRIAL

CAPÍTULO XII
LA AMANITA EN LA CULTURA POP

«PAPÁ PITUFO, ENCONTRAMOS UN LIBRO DE SETAS EXTRAÑAS. PAPÁ PITUFO ¡A VER! "EL PITUFO HECHICERO" ¡ES UN LIBRO DE CONJUROS!(...)»
—LOS PITUFOS, COMIC ORIGINAL, LES SCHTROUMPFS DE PIERRE CULLIFORD, 1958.

SECRETOS DEL SANTO GRIAL
TRADICIONES MUSULMANAS Y SUFIS

«LA CULTURA Y RELIGIÓN DE LAS DIVERSAS SECTAS DEL MAHOMETANISMO DERIVA DE ESTE CULTO DE LA AMANITA. SE DICE QUE MAHOMA INGERIÓ ESTE TIPO DE SETAS ALUCINÓGENAS ANTES DE TENER SUS FAMOSAS VISIONES...»
—CHARLES UPTON, SUFI MANIFESTO 2006.

«LA MAYORÍA DE LOS MUSULMANES SE SENTIRÍAN OFENDIDOS POR LA IDEA DE QUE EL PROFETA MAHOMA PODRÍA HABER CONFIADO EN UNA PLANTA SANTA (Y ALUCINÓGENA) PARA POTENCIAR SUS PODERES PROFÉTICOS Y COMUNICARSE CON ALÁ. SIN EMBARGO, LA EVIDENCIA ES PALPABLE EN LA TRADICIÓN ISLÁMICA. SEGÚN LA HISTORIA, EL PROFETA VIAJABA A TABUK, CUANDO SE DETUVO CON SUS COMPAÑEROS Y SEÑALÓ A UNA TUMBA. ÉL LES DIJO A SUS SEGUIDORES: "¿SABEN QUÉ ES ESTO?". COMO NO PUDIERON RESPONDER, ÉL DIJO: "ESTA ES LA TUMBA DE ABU RIGHAL". EN ESTE PUNTO DE LA HISTORIA, MAHOMA Y SUS SEGUIDORES SE BAJARON DE LOS CABALLOS Y COMENZARON A "DESENTERRAR LA TUMBA" CON SUS ESPADAS. PRONTO ABRIERON LA TUMBA Y ENCONTRARON UNA "RAMA DORADA" (ES UNA PALABRA DE CÓDIGO PARA LAS SETAS MÁGICAS EN LAS TRADICIONES DEL LEJANO ORIENTE Y GRECIA). POCO DESPUÉS, EL PROFETA Y SUS COMPAÑEROS SE MARCHARON. LA LEYENDA SUGIERE QUE ESTE ES UN SUCESO DE GRAN IMPORTANCIA RELIGIOSA...»
—EARL LEE, AMONG THE CANNIBAL CHRISTIANS 1999, P.29

«¿ALGUIEN SE HA PREGUNTADO PORQUÉ LOS SULTANES, EMIRES Y MUSULMANES EN EL IMPERIO OTOMANO DE ALTO RANGO LLEVABAN ESTOS GORROS CHAMPIÑONESCOS?»

«EN EL INTERIOR DE LA MEZQUITA FATIMAH MASUMEH, QOM EN IRÁN, SE PUEDE APRECIAR LA PSICODELIA CLÁSICA DERIVADA DE LOS HONGOS MÁGICOS TANTO EN LA FORMA DE LOS DINTELES, VENTANALES CON DIBUJOS DE SOMBREROS DE SETAS PSICODÉLICAS COMO EN LA ARTISTICIDAD DE SUS FORMAS EN EL TECHO DEL TEMPLO»

«COMO SE PUEDE OBSERVAR ARRIBA Y ABAJO LA ARQUITECTURA MUSULMANA ESTÁ BASADA EN EL CULTO AL HONGO MÁGICO, SU ETAPA PSICODÉLICA Y SUS DERIVADAS REPRESENTACIONES FÁLICAS, UN CULTO QUE ALABA LA MASCULINIDAD DEL HONGO»

«NO ES DE EXTRAÑAR QUE VEAMOS LAS SOTANAS DE CARDINALES Y OBISPOS CATÓLICOS FORMANDO LOS COLORES Y TONOS DEL HONGO MÁGICO ARRIBA Y ABAJO SE VE QUE EL TALLO DEL CHAMPIÑÓN BLANCO ES EL CUERPO DEL CURA Y ARRIBA EL MANTO EN ROJO ES EL SOMBRERO DE LA AMANITA»

«SALVADOR DALÍ TRABAJÓ CON DISNEY EN UN CORTOMETRAJE LLAMADO DESTINO EN 1945; SIGUIERON SIENDO AMIGOS DURANTE AÑOS A PESAR DE QUE LA PELÍCULA NO SE ESTRENÓ HASTA 2003. DISNEY UTILIZA MUCHAS IMÁGENES IGUAL QUE DALÍ ABAJO EN SUS CUADROS DE LAS PLANTAS Y HONGOS MÁGICOS COMO EN FANTASIA Y OTRAS.»
(CRÉDITO: AFP / GETTY IMAGES).

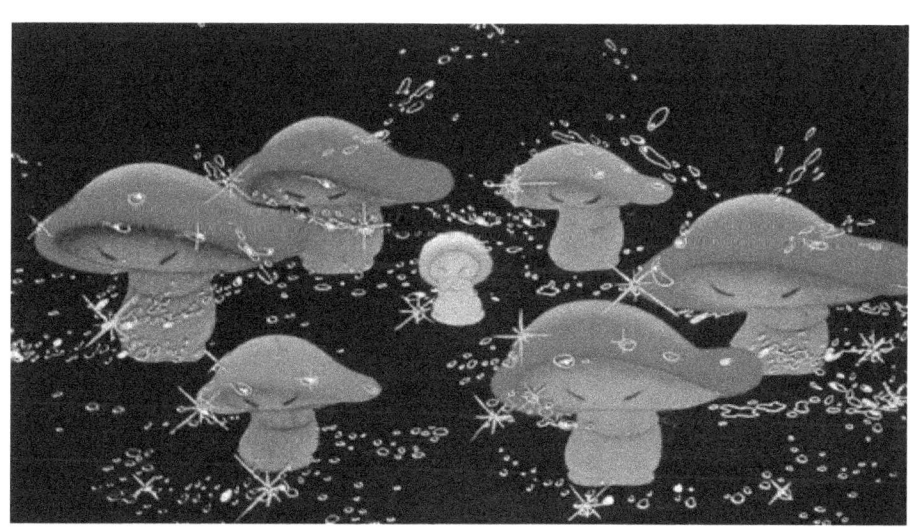

SECRETOS DEL SANTO GRIAL

«AQUÍ ESTÁ LA IMPRESIONANTE "ASCENSIÓN DE CRISTO" DE SALVADOR DALÍ DE 1958 (A VECES LLAMADA SIMPLEMENTE "ASCENSIÓN"). LA PINTURA DATA DE 1958 Y PERTENECE A UNA SERIE DE IMÁGENES DE CRISTO QUE LLEGARON A DALÍ EN UN SUEÑO EN 1950. COMO ERA COSTUMBRE DE DALÍ, HA POSICIONADO LA FIGURA DE CRISTO PARA OSCURECER SUS FACCIONES. ESTA IMAGEN COMBINA LOS INTERESES PERMANENTES DE DALÍ DE LA DÉCADA DE 1950: SU OBSESIÓN CON UNA FORMA MÍSTICA DE CATOLICISMO, SU FASCINACIÓN CON LA FÍSICA NUCLEAR Y LAS PLANTAS MÁGICAS. INSPIRADO POR EL NÚCLEO DE UN ÁTOMO, EL ARTISTA IMAGINÓ EL ASCENSO DE CRISTO UNIFICANDO EL CIELO Y LA TIERRA. LA CORONA DEL ÁTOMO SIMILAR A UN GIRASOL Y LAS SETAS SE SUPERPONE A LA ESFERA DIVINA DEL ESPÍRITU SANTO, SIMBOLIZADA POR LA PALOMA CON LAS ALAS EXTENDIDAS Y CLARAMENTE EN EL FONDO EL LEI MOTIFF DE UNA AMANITA. AUNQUE EL CUERPO DE CRISTO ESTÁ RECOSTADO, SUS MANOS SE LEVANTAN TENSAMENTE A CADA LADO. SIN EMBARGO, SE REFLEJAN EN EL RETRATO DE GALA, LA ESPOSA Y LA MUSA DEL ARTISTA, QUE SE CIERNE SOBRE LA COMPOSICIÓN. ELLA A MENUDO ES RETRATADA COMO LA SANTA MADRE.»

—ASCENSIÓN DE SALVADOR DALÍ

«AQUÍ ESTÁ LA IMAGEN DE LA PRIMERA MITAD DEL SIGLO XVII, EL JUICIO FINAL DEL PINTOR JACOB VAN CAMPEN Y LA SUTIL AMANITA MUSCARIA CON JESÚS.»
—JACOB VAN CAMPEN, 1650-1655 APROX.

*EL NOMBRE ORIGINAL DE LOS PITUFOS EN FRANCÉS ES SCHTROUMPFS. SU NOMBRE EN ESPAÑOL SE LE OCURRIÓ A MIGUEL AGUSTÍ, REDACTOR JEFE DE LA REVISTA STRONG, DONDE FUERON PUBLICADOS POR VEZ PRIMERA EN CASTELLANO EN 1969. DURANTE MÁS DE UN MES, ESTUVO BUSCANDO UN NOMBRE Y RECORDÓ EL PERSONAJE DE PATUFET, FIGURA EMBLEMÁTICA DEL FOLCLORE CATALÁN. DE AHÍ DERIVÓ EL NOMBRE DE LOS PITUFOS, QUE SE MANTENDRÍA EN LAS SIGUIENTES VERSIONES ESPAÑOLAS (MENOS EN TBO, DONDE APARECIERON BREVEMENTE A MEDIADOS DE LOS 70 REBAUTIZADOS COMO LOS TEBEÍTOS).

«LOS PITUFOS SON PEQUEÑAS CRIATURITAS AZULES QUE VIVEN EN LA ALDEA PERDIDA, UN LUGAR SECRETO QUE NADIE, SALVO SUS AMIGOS CONOCEN. ESTAS CRIATURITAS SON MUY NUMEROSAS, MÁS DE CIÉN. VIVEN FELICES EN SU UTÓPICA COMUNIDAD JUGANDO, RIENDO Y DIVIRTIÉNDOSE, ADEMÁS DE TRABAJAR PARA EL BIEN COMÚN DE TODOS Y CONSEGUIR LAS DELICIOSAS PITUFRESAS. PERO LA ALEGRÍA SIEMPRE SE VE INTERRUMPIDA POR EL MALVADO GÁRGAMEL Y SU GATO AZRAEL, JUNTOS INTENTABAN CAZAR A LOS PITUFOS O ``SUSPIRITOS AZULES".»

«GÁRGAMEL, EN REALIDAD ES EL MALO DE LA HISTORIA, UN SACERDOTE POBRE CON SOTANA NEGRA (SACERDOTE DE LA ORDEN DOMÍNICA QUE LLEVA A CABO LA INQUISICIÓN EN LOS SIGLOS XII - XIII EN EUROPA) QUE VIVE EN UNA IGLESIA CON CAMPANARIO Y HACE UN PACTO CON EL DEMONIO. SU GATO AZRAEL ES EL NOMBRE DE UNO DE LOS ANGELES CAÍDOS Y ADEMÁS SIGNIFICA TIENE EL DOBLE SIGNIFICADO DE ISRAEL, ES DECIR: LOS JUDÍOS, MALOS DE LA PELÍCULA SIEMPRE. ESTE SIGUE AL CURA GÁRGAMEL A TODAS PARTES PARA AYUDARLO A ERRADICAR A OTRAS RAZAS COMO LA DE LOS PITUFOS Y COMÉRSELOS COMO SE RUMOREABA DE LOS JUDIOS EN LA ALEMANIA NAZI Y EN LA ESPAÑA MEDIEVAL QUE LOS CABALISTAS SE BEBÍAN LA SANGRE Y SE COMÍAN A LOS NIÑOS.»

«LA HISTORIA DE LOS PITUFOS O JINNS: GARGAMEL ES LA HISTORIA DE UN HECHICERO OBSESIONADO CON CONSEGUIR QUE EL CABALISTA ATRAPE A UN DJINN POR RITUALES Y PÓCIMAS BRUJERILES DE LA AMANITA MUSCARIA»

SECRETOS DEL SANTO GRIAL

«LOS PITUFOS PROTAGONISTAS DE LA HISTORIA Y LOS DIBUJOS REPRESENTAN LOS PECADOS CAPITALES—GULA: GOLOSO, IRA: GRUÑON, VANIDAD: VANIDOSO, PEREZA: DORMILÓN, LUJURIA: PITUFINA, SOBERBIA: FILÓSOFO, ETC) ESCONDIDOS EN LA SIMPATÍA Y EN LA TERNURA DE UNOS HOMBRECITOS AZULES. PAPÁ PITUFO ESTÁ VESTIDO DE ROJO PORQUE ES LA CABEZA DE TODOS LOS PECADOS CAPITALES, ES DECIR, ES EL DIABLO. ES UNA LUCHA DE DOS MALOS MALOTES, LOS PITUFOS (ESPIRITUS IMPUROS Y LOS GARGAMEL EL BRUJO QUE PACTA CON LOS ESPIRITUS...»

LOS PITUFOS ERÁN DROGADICTOS?

Las pitufresas son una droga para los pitufos y que no podían vivir sin ellas, por eso en todos los capítulos hacen sortean cualquier peligro con tal de conseguirlas. Por otro lado, las casas de la aldea pitufa son "*Amanitas Muscaria*" y Gárgamel es un drogadicto que se alimenta de estos hongos, y que al comer la amanita o al hacer un brebaje con amanita ve estos seres como motivo de sus alucinaciones. Repite una y otra vez *"Los atraparé, los atraparé, juro que los atraparé aunque sea lo último que haga, lo último que haga"*

El gorro rojo de Papá pitufo representa el Gorro Frigio, que en las heráldicas europeas simboliza la mitra, sabiduría, el hongo y la libertad, después en Roma. Los esclavos liberados llevaban este gorro como señal de libertad personal y familiar. Por ende, el padre del pecado y del vicio simboliza en los pitufos, la libertad. Pitufina es creada, como un golem cabalístico, por Gargamel. Y cuando estaba con él, era fea y mala. Papa Pitufo luego la convirtió en hermosa y buena. Representando el sexo en la iglesia y fuera de ella.

«PADRE TIEMPO: UN DRUIDA – LA GUADAÑA–TAMBIÉN EN EL ESUDO DE LA URSS– QUE LLEVA A GRAN MAGO EN LOS CÓMICS Y DIBUJOS ANIMADOS. EL EMPAREJAMIENTO DE LA HORA DEL PADRE (KRONOS-SATURNO) Y LA GUADAÑA SON INDICADORES FRECUENTES DE LA MUERTE DEL TIEMPO EN CADA HUMANO, QUE A MENUDO SE PERSONIFICA COMO LA MUERTE CON SU HOZ. EN LA MITOLOGÍA GRIEGA, KRONOS (TENIENTE CHRONUS / SATURNO) CASTRARON A SU PADRE OURANOS (TENIENTE URANO, "CIELO") CON UN ARMA COMO ESTA, ALGO TÍPICO DE LA RELIGIÓN JUDÍA»

PITUFOS COMUNISTAS.

Los pitufos (la unión soviética) son todos comunistas. Papá Pitufo es como un Lenin, todos los otros el proletariado. Gargamel (EEUU) estaba representado como (el capitalismo salvaje y descontrolado) los quiere atrapar para convertirlos en oro. Por otra parte, no son pocos los analistas que afirman que la comunidad de los Pitufos se asemeja a la utópica sociedad marxista, en la que no hay rastros visibles de las ideas de dinero, familia, religión e individualidad. Por eso los Nazis diseminaron la ideología de estos dibujos entre sus infantes, ya que simbólicamente estaban programando a su población contra los dos enemigos del régimen alemán, los Americanos y Soviéticos…

SECRETOS DEL SANTO GRIAL

«CON CALMA, ALICIA EXAMINÓ LAS FLORES Y LA HIERBA, SIN SABER QUÉ ERA LO QUE, EN TALES CIRCUNSTANCIAS, PODRÍA SER LA COMIDA O LA BEBIDA ADECUADA. LUEGO SE ACERCÓ A UNA SETA DE APROXIMADAMENTE SU MISMO TAMAÑO. LA INSPECCIONÓ POR DEBAJO, POR LOS LADOS Y POR DETRÁS Y, DE PRONTO, SE LE OCURRIÓ TRATAR DE VER LO QUE HABÍA POR ENCIMA. SE PUSO DE PUNTILLAS PARA ECHAR UNA OJEADA. ENTONCES SU MIRADA SE CRUZÓ CON UNA ENORME ORUGA AZUL QUE ESTABA SENTADA CON LOS BRAZOS CRUZADOS EN EL CENTRO DE LA SETA, FUMANDO TRANQUILAMENTE UN NARGUILE, SIN DEMOSTRAR EL MÁS MÍNIMO INTERÉS POR NADA DE LO QUE SUCEDIERA A SU ALREDEDOR. (...)»

— ALICIA EN EL PAÍS DE LAS MARAVILLAS (1865)

«Esta vez, Alicia esperó pacientemente a que la oruga decidiera volver a dirigirle la palabra. Al cabo de un par de minutos, esta se sacó el narguile de la boca, dio un par de bostezos y se estiró. Luego, bajó de la seta y se alejó reptando por la hierba. A modo de despedida, se limitó a decir:
— Uno de los lados te hará crecer, y el otro te hará menguar.
— "¿Uno de los lados de qué? ¿El otro lado de dónde?", se preguntó Alicia.
— ¡De la seta! — respondió la oruga, como si Alicia hubiera hecho la pregunta en voz alta. Y luego desapareció(...)»

— Alicia en el país de las maravillas (1865)

SECRETOS DEL SANTO GRIAL 308

«ALICIA PASÓ UN RATO CONTEMPLANDO LA SETA, TRATANDO DE ADIVINAR A DÓNDE TENDRÍA LOS DOS LADOS. COMO ERA PERFECTAMENTE REDONDA, LA SOLUCIÓN NO ERA NADA FÁCIL; PERO AL FINAL RODEÓ EL HONGO CON LOS DOS BRAZOS Y LAS DOS MANOS Y ARRANCÓ UN TROZO DE CADA EXTREMO.
—Y AHORA, ¿CUÁL SERÁ EL BUENO?, SE PREGUNTÓ, DANDO UN MORDISQUITO AL TROZO QUE TENÍA EN LA MANO DERECHA. AL MOMENTO, NOTÓ QUE LA BARBILLA CHOCABA BRUSCAMENTE CON LOS PIES(...)»

– ALICIA EN EL PAÍS DE LAS MARAVILLAS (1865)

«¡YA ESTÁ! ¡HE CUMPLIDO LA MITAD DE MI PLAN! REALMENTE ESTAS TRANSFORMACIONES SON EXTRAORDINARIAS: NUNCA SÉ LO QUE VA A SER DE MÍ DE UN MINUTO A OTRO. PERO BUENO, YA TENGO MI TAMAÑO DE SIEMPRE. AHORA SÓLO ME QUEDA ENTRAR EN EL JARDÍN MARAVILLOSO...¿CÓMO LO CONSEGUIRÉ?.
(...) PRIMERO, COGIÓ LA LLAVE Y ABRIÓ LA PUERTA QUE DABA AL JARDÍN. LUEGO, SE PUSO A MORDISQUEAR LA SETA (AÚN CONSERVABA ALGUNOS TROZOS EN LOS BOLSILLOS), HASTA QUE MENGUÓ A LA MITAD DE SU TAMAÑO. ENTONCES, CRUZÓ EL PASILLO Y, POR FIN, ENTRÓ EN EL MARAVILLOSO JARDÍN DE FLORES MULTICOLORES Y FUENTES DE AGUA FRESCA (...)»

– ALICIA EN EL PAÍS DE LAS MARAVILLAS (1865)

Consumo de sustancias alucinógenas en Alicia en el país de las maravillas (1865).

Hay motivos más que suficientes de que desde el primer capítulo se producen cambios y transformaciones en el tamaño de la protagonista, o bien por ingerir dulces, bebidas, o setas. Aunque los anglosajones parecen tener alergia y aversión a los hongos y setas por tradición, en este libro el escritor y matemático inglés Lewis Carroll (Charles Lutwidge Dogson) presenta a una Alicia aplicada en el consumo de setas para aumentar y disminuir de estatura, COMO VEMOS EN LAS citas que hemos puesto arriba.

Encontramos además dos conceptos que hemos estado estudiando a lo largo de nuestro fascinante libro e investigación sobre el hongo sagrado… referentes al uso de enteógenos y sus efectos. Por un lado, la oruga sentada sobre un gran hongo se encuentra fumando una pipa oriental (narguile), como es usada por los fumadores de opio. Debe recordarse que en la época de la sociedad victoriana inglesa, esta sustancia era legal. Por otro lado, la oruga recomienda a Alicia el consumo de una seta que, por sus efectos, bien podría ser la Amanita muscaria, extremadamente abundante en las Islas Británicas (sobre todo en los bosques de abedul).

En las aventuras de Alicia bajo tierra, el manuscrito original de Carrol, la oruga le dice a Alicia que la cabeza de la seta le hará crecer y su pie menguar. Las visiones que el autor hace tener a Alicia son similares a las producidas por esta especie: alteraciones sensoriales y espaciales. Amanita muscaria produce macropsia o micropsia, un trastorno neurológico que altera la visión de las proporciones de las cosas.

Es cierto que estos síntomas pueden estar relacionados con la migraña y con ciertas infecciones víricas, pero también con el consumo de drogas psicoactivas como el LSD o ciertos hongos.

De hecho el llamado **Síndrome de Todd o Síndrome de Alicia en el País de las Maravillas (SAPM)** se caracteriza por este tipo de trastornos complejos de la percepción visual que incluyen de forma más completa:

- **Alteraciones** en la forma (metamorfopsia), tamaño (macropsia, micropsia) y situación espacial de los objetos (teleopsia, efecto zoom).
- **Distorsión** de la imagen corporal (macro y microsomatognosia, dualidad física o somato psíquica).
- Otras **ilusiones visuales** raras como fenómenos de visión invertida, palinopsia (imágenes múltiples), acromatopsia (visión sin color), prosopagnosia (incapacidad de reconocer caras), pérdida de visión estereoscópica (alestesia óptica), etc.

SECRETOS DEL SANTO GRIAL 312

«LEWIS CARROLL, FUMADOR DE OPIO, AÑOS ANTES DE ESCRIBIR ALICIA, HABÍA VIAJADO POR EL NORTE DE EUROPA Y SIBERIA, DONDE CONOCIÓ DE PRIMERA MANO A TRAVÉS DE CHAMANES Y GURÚS LOCALES EL EFECTO ENTEOGÉNICO DE LA AMANITA MUSCARIA Y OTRAS PLANTAS.(...)»

— ROBERT WASSON 2003

«Amanita muscaria, la seta de Alicia junto a la portada de la edición de Edelvives ilustrada por Rébecca Dautremer.»

«AMANITA MUSCARIA, LA SETA MÁGICA ES UTILIZADA SUTILMENTE EN VARIOS LIBROS, JUEGOS Y PELÍCULAS FAMOSAS POPULARES PARA NIÑOS»

Mario Bros. estaban basadas en un hongo llamado Amanita Muscaria. El que las ingiere siente la ilusión de crecer más y más. Este efecto también se trata en Alicia en el País de las Maravillas

SECRETOS DEL SANTO GRIAL

El hongo que duplica el tamaño de Mario Bros se inspira en la amanita muscaria, una seta alucinógena que uno de sus efectos es la macropsia y micropsia (tendencia a ver los objetos más grandes o más pequeños de lo que son).

El hongo que duplica el tamaño de Mario Bros se inspiró en la amanita muscaria, una seta alucinógena que uno de sus efectos es la macropsia y micrpsia que es la tendencia a ver los objetos más grandes o más pequeños de lo que son. Así que en teoría Mario en lugar de crecer, son en realidad alucinaciones por comer el hongo.

Como muchos expertos en setas ya han advertido, la seta que provoca que Mario aumente de tamaño es muy parecida a la Amanita muscaria, seta comúnmente conocida como "*matamoscas*", ya que intoxica a las moscas que se posan en ella. Otras de sus denominaciones vulgares son las de *"Falsa oronja"* (puede confundirse con la oronja cuando el sombrero esta muy lavado), *"Agárico Pintado"* y *"Oronja Pintada"*. En Cataluña se refieren a ella, además, como *"Reig vermell"*, *"Oriol"*, *"Reig de Folguera"* u *"Ou de Reig Bord"*; en Galicia y zonas limítrofes como *"Reventabois"* o *"Brincabois"* y en Euskadi como *"Kuleto Falsoa"* y *"Kulato Palstoa"*.

SECRETOS DEL SANTO GRIAL

Super-Seta de Mario Bros — Amanita muscaria (Seta alucinógena)

La seta, empleada mal, puede ser venenosa y, aunque no es mortal, tiene un gran efecto neurotóxico y propiedades alucinógenas. ¿Será que Mario no se hace más grande sino que "se percibe" asimismo como más grande?

COOKIES-BOLLO DE HAMBURGUESA- PIZZA

¿Por qué son tan famosas estas imágenes y productos hechos por el hombre? Para los estándares estadounidenses, ¿este podría ser el "pan de la vida"? En mi opinión, los 3 de estos alimentos son simbólicos de la Amanita Muscaria. ¿Podría ser por eso que son tan populares en nuestra cultura?

«HAY UNA FUENTE DENTRO DEL CÍRCULO DE LA RUEDA DE 8 RADIOS, EN EL VATICANO, LA SEDE DEL CRISTIANISMO UNIVERSAL. ESTO TAMBIÉN SE VE MUY SIMILAR AL HONGO AMANITA MUSCARIA Y AL CULTO ESENCIAL QUE IMPULSÓ LA CRISTIANDAD.»

SECRETOS DEL SANTO GRIAL

«DAVID BLAINE ESTÁ DE PIE FRENTE A LA BASÍLICA DE SAN PEDRO O SÍMBOLO ESENIO DE LA AMANITA MUSCARIA. LA FLECHA AZUL APUNTA A UN OBELISCO, QUE ES EL TALLO. LA FLECHA ROJA APUNTA HACIA LA CÚPULA PUNTEADA, QUE ES EL SOMBRERITO DEL CHAMPIÑÓN CON PUNTOS. INCLUSO PARECE QUE HAY UN ANILLO PRESENTE EN EL VATICANO....»

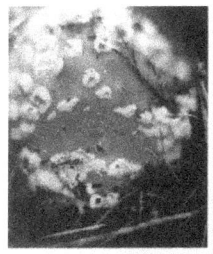

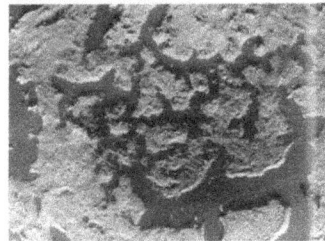

¿CREES QUE OPRAH ES CONSCIENTE DE LA SEÑAL QUE ESTÁ HACIENDO EN LA PORTADA DE LA REVISTA O ALGUIEN SE LO OBLIGA HACER? FOTOGRAFIADA COMO LA AMANITA MUSCARIA... EL SANTO GRIAL.

SECRETOS DEL SANTO GRIAL 322

BIBLIOGRAFIA Y FUENTES CITADAS

1. Abubakr, A.M.J., 1937. Untersuchungen über die ägyptischen Kronen. Verlag J.J. Augustin, Gluckstadt.
2. Aldred, C., 1971. Jewels of The Pharaoh: Egyptian Jewelry of the Dynastic Period. Praeger Publishers, New York, Pl. 68, p. 210.
3. Allegro, J., 1969. The Sacred Mushroom and The Cross. Doubleday, Garden City, NY.
4. Altenmüller, H., 1975. Zu Frage Der Mww in Studien Zur Altägyptischen Kultur 2 (Hamburg, 1975), 1-37. Cited in Reeder, G. Fall 1995. The Mysterious Muu and The Dance They Do, KMT 6:3, available on-line at http://www.egyptology.com/reeder/muu/.
5. Berlant, S., 1999. The prehistoric practice of personifying mushrooms. Journal of Prehistoric Religion 13, 22-29.
6. Boston Museum of Fine Arts, 1982. Egypt's Golden Age, the Art of Living in the New Kingdom, 1558-1085 B.C. Catalogue of the Exhibition. Museum of Fine Arts, Boston.
7. Budge, E.A.W., 1967. The Chapter of Driving Back The Slaughters Which Are Formed in Hensu. In: The Book of the Dead, the Papyrus of Ani in the British Museum. Dover Publications, New York, the Egyptian text with interlinear transliteration and translation, a running translation, introduction, available on-line at http://www.sas.upenn.edu/African Studies/ Books/Papyrus Ani.html.
8. Budge, E.A.W., 1969a. The papyrus of Ani, sheet 2. In: Budge, E.A.W. (Ed.), The Gods of the Egyptians or Studies in Egyptian Mythology, vol. 2. Dover Publications, New York, p. 153ff.
9. Budge, E.A.W., 1969b. The Gods of the Egyptians or Studies in Egyptian Mythology. Dover Publications, New York.
10. Budge, E.A.W., 1978. An Egyptian Hieroglyphic Dictionary: With an Index of English Words, King List, and Geographical List with Indexes, List of Hieroglyphic Characters, Coptic and Semitic alphabets, etc. Dover Publications, New York, p. 294.
11. Collier, S., 1996. The crowns of the Pharoah: their development and significance in ancient Egyptian kingship. Ph.D. Dissertation. U.C.L.A.

12. de Buck, A., 1947. Egyptian Coffin Texts III Texts of Spells 164-267. University of Chicago Press, Chicago, Spell 168.
13. Dikov, N.N., 1971. Naskalnuie Sagadki Drevniei Ciukotki (Pietroglifui Pegtimelia). Nauka, Moscow (cited in: Wasson, R.G., 1986. Persephone's Quest: Entheogens and the Origins of Religion. Yale University Press, New Haven, p. 69).
14. Emboden, W.A., 1978. The sacred narcotic lily of the Nile: Nymphaea Caerulea. Economic Botany 28, 304-310.
15. Evers, H.G., 1929. Staat aus dem stein: denkmäler, geschichte und bedeutung der agyptischen plastik während des mittleren reichs. F. Bruckmann, München, Tafel 35b.
16. Faulkner, R.O., 1986. A Concise Dictionary of Middle Egyptian Oxford. Griffith Institute, Ashmolean Museum.
17. Faulkner, R.O., 1998. The Ancient Egyptian Pyramid Texts. Sandpiper Books. Oxford University Press, New York.
18. Graves, R., 1960. Food for Centaurs: Stories, Talks, Critical Studies, Poems. Doubleday, Garden City, NY.
19. Griffiths, J.G., 1980. The Origins of Osiris and His Cult. Brill, Leiden, p. 27.
20. Gow, A.S.F., Scholfield, A.F. (Eds.), 1953. Nicander: The Poems and Poetical Fragments.
21. Heinrich, C., 2002. Magic Mushrooms in Religion and Alchemy. Park Street Press, Rochester, VT.
22. Hoffman, M., et al., 2002. The entheogenic eucharist of Mithras. Entheos 2, 13-50.
23. Kuhn, T.S., 1962. The Structure of Scientific Revolutions. University of Chicago Press, Chicago.
24. La droga en el Antiguo Egipto, available on-line at http://www.institutoestudiosantiguoegipto.com/begona drogas.htm.
25. Lefebvre, G., 1949. Rouge et Nuances Voisines. Journal of Egyptian Archaeology 35, 72-76.
26. Lhote, H., 1973. A la d'ecouverte des fresques du Tassili. Arthaud, Paris (cited in Samorini, 1992).
27. Lichtheim, M., 1975. Ancient Egyptian Literature: A Book of Readings. University of California Press, Berkeley.
28. Lidova, N.A., 1995. The Vedic Sources of Hindu Creation Myth. Prakrti, vol. 5.
29. Mabry, M., 2000. Osiris: Eine Reidentifikation. In: Bauer, W., Klapp, E., Rosenbohm, A. (Eds.), Der Fliegenpilz: Ein Kulturhistorisches Museum. Verlag, Wienand.

30. McKenna, T., 1992. Food of the Gods: The Search for the Original Tree of Knowledge: A Radical History of Plants, Drugs and Human Evolution. Bantam Books, New York, NY, p. 71.
31. Merlin, M., 2003. Psychoactive plant use in the Old World. Economic Botany 57 (3), 295-323.
32. Moret, A., 1927. Mysteries Êgyptiene, p. 257ff.
33. Mori, F., 1975. Contributo al pensiero magico-religioso attraverso l'esame di alcune raffigurazioni rupestri preistoriche del Sahara. In: Valcamonica Symposium, vol. 72, pp. 344-366 (cited in Samorini, 1992).
34. Munn, H., 1973. The mushrooms of language. In: Harner, M.J. (Ed.), Hallucinogens and Shamanism. Oxford University Press, New York.
35. Naville, E., 1910. The XIth Dynasty Temple at Deir el-Bahari, published by order of the Committee, London.
36. Ott, J., 1969. Carved disembodied eyes of Teotihuacan. In: Wasson, R.G. (Ed.), Persephone's Quest, p. 141ff.
37. Otto, E., 1968. Egyptian Art and the Cults of Osiris and Amon. Thames & Hudson, London.
38. Pliny the Elder, 1969-1989. Natural History with an English translation by H. Rackham. Cambridge, Mass. Harvard University Press.
39. Puharich, A., 1959. The Sacred Mushroom: The Key to the Door to Eternity. Doubleday, Inc., Garden City, NY.
40. Reisner, G., 1923. Excavations at Kerma. Harvard African Studies. Parts IV-V, Peabody Museum. Harvard University, Cambridge, MA, pp. 256-257.
41. Ruck, C., 1979. Entheogens. Journal of Psychedelic Drugs 11, 45-46.
42. Ruck, C.A.P., 2005. Personal communication.
43. Ruck, C., Staples, B., Heinrich, C., 2001. The Apples of Apollo: Pagan and Christian Mysteries of the Eucharist. Carolina Academic Press, Durham, NC.
44. Ruck, C.A.P., et al., 2004. The brotherhood of the warriors of Mithras. New England Classical Journal 31, 335-362.
45. Samorini, G., 1992. The Oldest Representations of Hallucinogenic Mushrooms in the World (Sahara Desert, 9000-7000 B.P.).

46. Schultes, R.E., Hoffman, A., 1992. Plants of the Gods: Their Sacred Healing and Hallucinogenic Properties. Healing Arts Press, Rochester, Vermont.
47. Spess, D., 2000. Soma: The Divine Hallucinogen. Park Street Press, Rochester, VT.
48. Stamets, P., 1996. Psilocybin Mushrooms of the World: An Identification Guide. Ten Speed Press, Berkeley, CA.
49. Wainwright, G.A., 1923. The Red Crown in early prehistoric times. Journal of Egyptian Archaeology 9, 26-33.
50. Wasson, R.G., 1968. Soma, Divine Mushroom of Immortality. Harcourt, Brace & World, Inc., New York.
51. Wasson, R.G., 1980. The Wondrous Mushroom: Mycolatry in Mesoamerica. McGraw-Hill, New York.
52. Wasson, R.G., et al., 1986. Lightningbolt and mushrooms. In: Persephone's Quest: Entheogens and the Origins of Religion. Yale University Press, New Haven, pp. 83-94.
53. Wilkinson, R.H., 1994. Symbol and Magic in Egyptian Art. Thames and Hudson, New York, NY.
54. Wilson, P.L., 2001. Ploughing the Clouds: The Search for Irish Soma. City Lights Books, San Francisco, CA.
55. Winkler, H., 1938-1939. Rock Drawings of Southern Upper Egypt. The Egypt Exploration Society, H. Milford, Oxford University Press, London.
56. Ruck, Carl A.P., Blaise Daniel Staples and Clark Heinrich 2001 Apples of Apollo: Pagan and Christian Mysteries of the Eucharist. Durham, NC: Carolina Academic Press.
57. Ruck, Carl A.P., Blaise Daniel Staples, Jose Alfredo Gonzalez Celdran and Mark Alwin Hoffman 2007 The Hidden World: Survival of Pagan Shamanic Themes in European Fairytales. Durham, NC: Carolina Academic Press.
58. Rush, John 2008 Failed God, Fractured Myth in a Fragile World. Berkeley, CA: North AtlanticBooks.
59. Borhegyi Coe, 1994: 69; Furst, 1990: 28; Grube, 2001: 294 Eva Hopman, 2008
60. Allegro, John M.1970. The Christian Myth, Doubleday Books, Garden City
61. B. Nichols, 2000, The Fly-agaric and early Scandinavian Religion Eleusis, 4 pp. 87-119
62. Harner, Michael J., Hallucinogens and Shamanism, Oxford University Press, New York, 1973.

63. Ireland, Rowan, 1991. Kingdoms Come: religion and politics in Brazil, University of Pittsburgh Press, Pittsburgh.
64. McKenna, Terence, 1992. Food of the Gods: the search for the original tree of knowledge; a radical history of plants, drugs, and human evolution, Bantam Books, New York.
65. Antigüedades judías, Flavio Josefo 2002. Madrid: Akal Clásica, 2 vols.
66. Annie Jaubert, 1965. The date of the Last Supper. Seuil; Parole de Dieu edition, france

PARA MAS INFORMACIÓN
VISITA WWW.COLINRIVAS.COM

SECRETOS DEL SANTO GRIAL

SECRETOS DEL SANTO GRIAL 330

www.ingramcontent.com/pod-product-compliance
Lightning Source LLC
Chambersburg PA
CBHW031946070426
42453CB00007BA/353